東京 居酒屋名店三昧

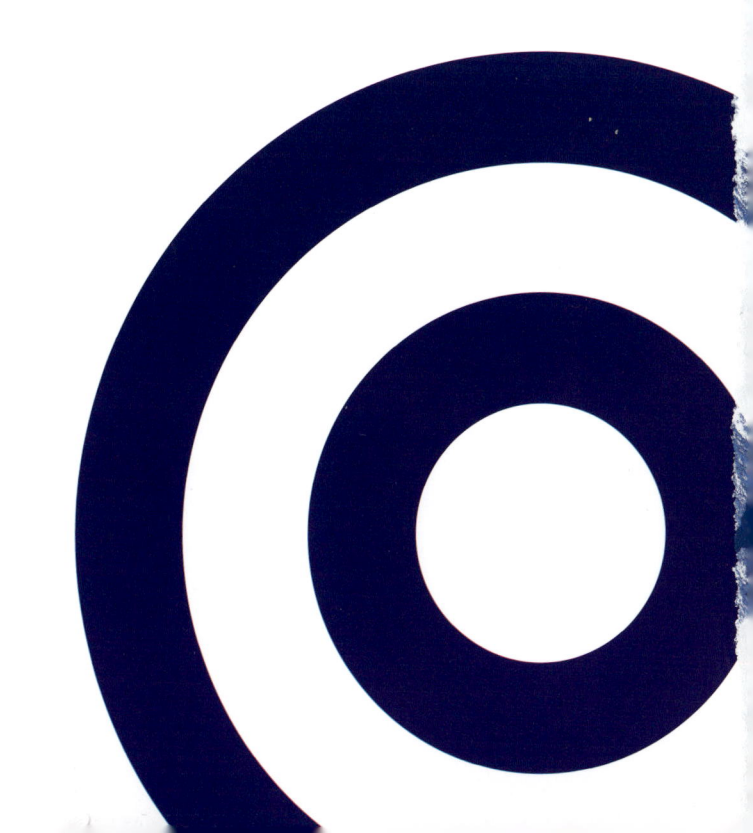

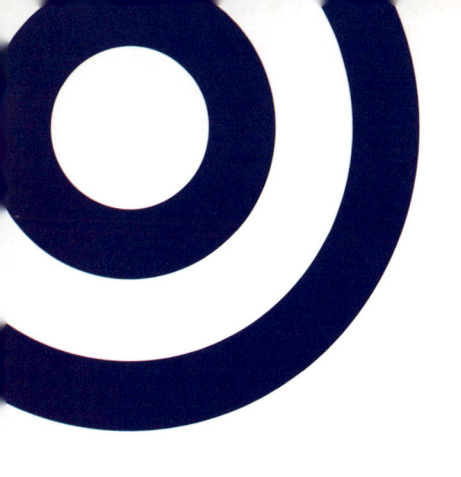

◉はじめに

自分で選んで、自分のお金で、自分の時間を遣う。
ならば、せめて「上質の時間」を過ごしたい——。
美味い酒、美味い肴、または上質な雰囲気——。

そんな思いから、本書は東京の一度は行ってみたい居酒屋の名店を、出版やブログなどで活躍する居酒屋の達人四人がめぐり、紹介したガイドブックです。

東京には、昭和の雰囲気に浸る古典居酒屋、下町情緒漂う活気溢れる居酒屋、一人で時間を過ごしたい時に行くしんみり居酒屋、いつかは行きたい老舗居酒屋など、雰囲気、酒、肴など、さまざまな特徴のある居酒屋があまた存在します。

もちろん、それらすべてを取り上げることはできませんし、われわれのまだ知らぬ名店、残念ながらお店の都合やお客さんへの配慮から、掲載をお受けしていただけなかったお店なども多々ありますが、本書では、われわれの考える「居酒屋の名店」を七十店舗厳選して掲載しました。

本文は、お店の雰囲気に触れつつ、そのお店の特徴となるお酒の種類やメニュー、おつまみなどの基本情報を記しました。さらに、こういった名店には、不文律的なルールがあったり、その名店名店の「常識」がある場合もあります。そこで、そういったルールやマナーなどをできるだけ記し、「初心者でも安心して」名店の敷居をまたぐことができ、気後れすることなく飲みに行くことができるよう配慮をしたつもりです。

自分のためのささやかな安らぎの時間を過ごすのなら、「上質」な杯を傾けたいものです。

本書を片手に、「上質」の質は違えど、それぞれの至福の時間を愉しんでいただければ幸いです。

◎本書の使い方

最寄り駅
そのお店の最寄り駅を示しています。
最寄り駅が複数の場合、代表的なものを示しています。

店名
お店の名前です。

MAP P000
お店のおおよその位置を把握するため、巻末に地図をつけています。
そのお店の地図のページを示しています。

行き方
最寄り駅からの行き方を文字情報で示しています。最寄り駅からお店に向かう際の参考にしてください。

メニュー
スペースの関係で限りがありますが、そのお店の代表的なメニューを紹介しています。

ひとこと
お店を端的に紹介したコメントです。

備考・その他
お店によってはマナーやルールが存在しますので、掲載しました。また、お店のコンセプトなども紹介しました。

電話番号

ジャンル
お店のおおよそのジャンルを示しました。

お店のデータ
住所、最寄り駅、営業時間、休日、席数など、お店の基本的なデータです。

新馬場

牧野《まきの》
03-3471-3797
MAP P158 ジャンル 割烹

北口を出てすぐにある新馬場商店街を歩いて約2分。店の前のいけすが目印。

㊟品川区北品川2-19-2 ㊞京急新馬場駅から徒歩2分 ㊢平日17:00～23:00(L.O.22:30) 土曜17:00～22:00(L.O. 21:30) ㊡日曜 ㊥55席

MENU

名物 活穴子の踊り焼き

緑川「雪洞酒 緑」(720ml)	3500円
綿屋 (720ml)	3500円
越乃景虎 (720ml)	3000円
出羽桜「出羽燦々」(720ml)	3300円
八海山 (720ml)	3650円
活穴子の踊り焼き	1650円
刺身盛り合わせ (5点盛り)	2500円
いか肝のホイル焼	500円
ポテトサラダ	650円
活けダコの踊り焼き	1300円
牧野御膳コース (お通し、その日の菜物、特選お造り盛り合わせ、ふぐの唐揚げ、活穴子の踊り焼き、活車海老の踊り焼き、その日の煮物、ふぐ雑炊)	4700円

ひとこと
旧東海道で新鮮な江戸前活穴子を食べられる優良店。

備考・その他
「ふぐを食べながら、安くて美味しいつまみもつまめる大衆割烹を目指したい」とは店主談。なお、コース料理の予約は前日まで。

鮮度抜群の魚の品揃えもこの店の自慢の一つ。そんな魚に合う、日本酒・焼酎の品揃えも抜かりなし。

さっぱりとしていながら穴子の力強い旨みがストレートに伝わってきて、いかにも精力がつきそうだ。
魚の鮮度の良さにも定評があるので、刺身も是非試して欲しいが、刺し盛りでオーダーすると圧倒されそうな分量がど・ど～んと登場して、懐具合に思いが至ってしまうこと請け合い。でもそんな心配はご無用。出される魚の質や量とは裏腹に、お会計は居酒屋並みで、お財布に優しいのもこのお店の大きな魅力の一つである。日本酒、焼酎も数多く揃えており、思いっきり飲んで食べていただける貴重な一軒だと断言できる
冬場はフグやアンコウなどの鍋もあり、さらに魅了度がアップ。多少遠くからでも、足繁く通う価値ありお店である。(小関)

145

◉本書は2008年3月～2008年7月の取材をもとに制作しています。
◉商品の価格等データは変動することがあります。
◉紹介メニューは各店の全ての品目ではありません。

東京 居酒屋名店三昧◎目次

◎下町・京成線沿線エリア

◎渋谷・恵比寿・目黒・下北沢エリア

◎池袋・大塚・田端・赤羽エリア

東京　居酒屋名店三昧

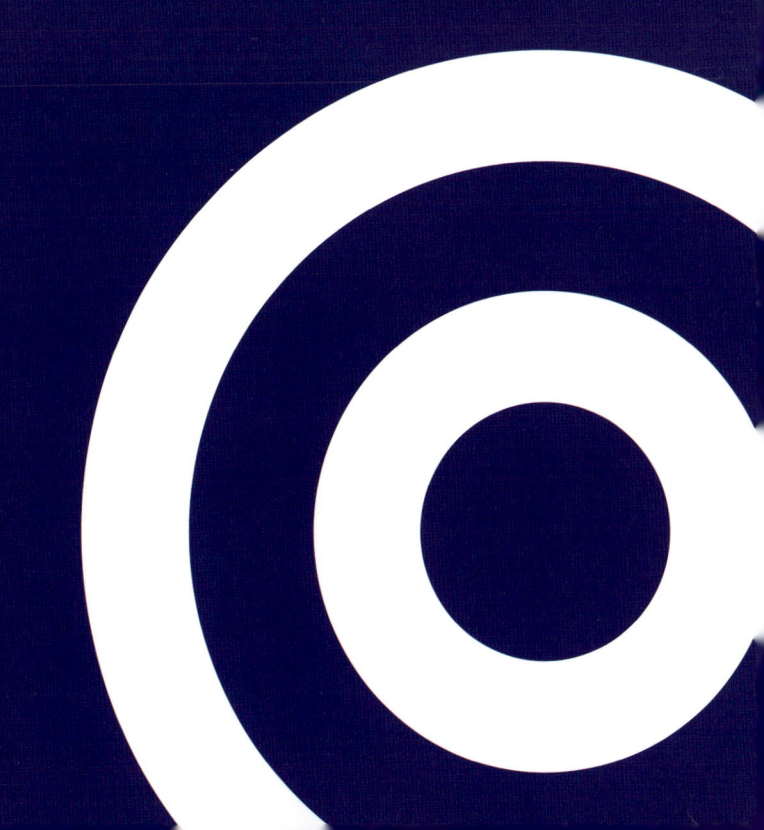

刺身の盛り合わせ。どれも新鮮で身がプリプリ状態で美味しい。

赤津加《あかつか》

電脳タウンに居酒屋道本流の店あり！

赤津加は秋葉原電器街の中にあり、人通りが活発な通りから一歩入った路地にある。年季の入った戸を開けて中に入ると、外の喧噪とは別世界の空間が拡がっている。店内は入口から奥方向にコの字型のカウンターがあり、左側にはテーブル席、二階には団体席が用意されている。年季の入った店内は清潔感に溢れていて、落ち着いた雰囲気が心地よい。

今夜は一人で来たので、店員の女性にその旨告げると、カウンター席の厨房寄りの一番奥の席に案内された。この席は女将さんが普段は座っていて、店内の様子を見ながら、店員の女性に指示をあれこれ出しているらしい。自分が座ってみて良く分ったが、店内の様子が一望できる。これなら、お客さんから注文があれば、即座に対応できるし、奥の厨房にも注文を簡単に通すことが可能だ。

さて、今夜はやや蒸し暑いので、生ビールから飲む

西口を出て西へ。中央通りを渡り、線路沿い北側へ進み、1本目を右折するとすぐ右手。

赤津加《あかつか》

☎ 03-3251-2585

MAP P152　ジャンル 老舗

㊟ 千代田区外神田1-10-2　㊍ JR秋葉原駅から徒歩4分　㊎ 平日17:00～22:30　土曜17:00～21:30　㊡ 日曜、第1・第3土曜、祝日　㊫ 1階約35席　2階予約客のみ

MENU

名物 落ち着いた雰囲気

菊正宗	460円
生ビール（中／サッポロ）	530円
酎ハイ（レモン・梅・ウーロン）	430円
まぐろぬた	780円
鶏もつ煮込み	800円
まぐろたたき豆腐	650円
お刺身盛り合わせ	2000円
さわら西京焼き	850円

ひとこと

いつも常連さんでいっぱいの店だが、なぜか独り酒が合う不思議な店。

備考・その他

特になし。

外の喧騒とは一線を画した落ち着いた雰囲気の店内。

としよう。早速生ビールが出てきたが、店員達の動きに無駄がなく、愛想も素晴らしい。成程この店が長い間愛されているのはこのホスピタリティーの良さなんだと納得。ビールを飲みながら、突き出しを食べる……ほう、この突き出しは菜の花の白和え。お次は、マグロのヌタにしたが、大振りのマグロとネギ、ワカメに酸味を抑えた酢味噌が掛っている。これがまた優しい味で旨い！　ビールから冷酒を飲みながら、店内を眺め廻してみると、比較的年齢の高いお客さんが多い。恐らく平均年齢は五十歳を超えている。そうなると、全体的に薄味気味の酒の肴は健康にも配慮されているのに違いない。そうか、全てこういう配慮がお客さんに愛されているのだな。素晴らしい店だ。（石原）

見事なまでのピンク色をしたさくら刺し。この店の定番料理だ。

みますや

神田に毎夜通いたくなる老舗居酒屋 ここにあり！

みますやは、ＪＲ神田駅から少し歩くが、毎日開店と同時にお客が殺到する超人気店である。お店に到着したのが、平日の午後六時過ぎだったが、入口側のテーブル席の端に座ることが出来た……以降、来る客は予約客以外全て断られていた！　そう、あと五分程遅れて来たら、入店出来なかった。

そういう訳で、この幸運を喜んでまずはビールで乾杯だ（苦笑）。落ち着いて来たところで、店内を見回すと、私が座っているテーブル席は、七～八名は座れる。これが二卓あり、中央に通路があり、反対側には小上がり席が六人掛けで三卓程ある。テーブル席は、ここからは見え難いが、厨房の近くにいくつかある様子だ。あと、奥には座敷席があるので、かなりの大人数が収容出来ると思われる。店の間口は決して大きくないので、長細い長方形のかたちになっているというと分かり易いかも。

みますや

みますや

☎ 03-3294-5433

MAP P153　ジャンル 老舗

㊟ 千代田区神田司町2-15　㊕ 東京メトロ淡路町駅から徒歩3分　㊝ 平日11:00～13:30 17:00～23:00　土曜17:00～22:00　㊡ 日曜、祝日　㊞ 130席

A4口から外堀通りを南へ。2つ目の角を右へ曲り、すぐの角を左へ。赤い提灯が目印。

MENU

名物 さくら刺し

白鷹（1合）	400円
クール白鷹（2合）	900円
甜（1合）	750円
神座（1合）	750円
ビンビール（大／キリン、アサヒ、サッポロ）	600円
さくら刺し（霜降り）	2000円
さくら刺し（赤身）	1300円
柳川なべ	800円
牛煮込み	600円
きんぴら	400円

ひとこと

神田といえばこのお店、馬肉のタタキが実に美味い。

備考・その他

気軽に来ていただきたい。安く、美味しく、早くがモットー。

（上）毎晩グループ客で混み合う小上がり席。事前予約が賢明だ。（下）地酒を飲みながら食べる柳川なべは最高！

さて、ビールの後は地酒を飲んでみよう。メニューを見ると、地酒も焼酎も揃っていて嬉しいね！　この中から好物の磯自慢を頼む。それから、肴は牛煮込みとまぐろづけを注文してみた……この店の牛煮込みは、見た目と味もすき焼き風なのだ。でも味付けは家庭で食べる程甘くないので、酒に合う（笑）。あと、まぐろづけが絶品の旨さだ！　軽く火で炙ったまぐろをタレに漬けこんでから出してくれるのだが、漬け具合が良いのか絶妙の味である。これだけで、お酒がぐいぐい飲めてしまう。結局、この店の素晴らしいところは、どの肴を食べても外れがないし、値段が安いことだ。近所なら毎日来たくなるのは当然だろう。私も毎日来たい！（石原）

名物の馬刺し盛り合わせ。美味い！

新八《しんぱち》

神田で新鮮な肴と美味しい地酒なら文句なしにこの店が一番！

神田は新橋と並ぶサラリーマンの町、それも親父族の町と言っても良い程中高年の人間に居心地の良い店が多い。チェーン店の居酒屋、立ち飲み居酒屋、寿司、焼き鳥屋、銘酒居酒屋、ビールホール、スタンドバーまでありとあらゆる店がある。この店は、その中でも銘酒居酒屋として有名だ。揃えている地酒の種類も凄いが、特にこの店が有名なのは、埼玉の銘酒「神亀」がほぼ全種類揃っていることだ。この蔵の酒は純米酒だけでいろいろな味わい深い酒を醸しており、純米酒ならではの米の香りとキレの良さがこの酒の魅力だと思う。

この店の名物料理である馬刺し盛り合わせを食べながら、神亀を飲むと、フルボディな風味がベストマッチだが、ついつい飲みすぎてしまうのが怖い（笑）。何しろ馬の中で、タテガミや霜降りなどやや脂がのった肉が、この酒に合うのだから仕方ない。あと、芋焼

東口から出て横断歩道を渡り、神田一番街に入り線路沿いに約50m進む。最初の角を右へ曲り、約20m先の左手。

新八《しんぱち》

✆ 03-3254-9729

MAP P152　ジャンル 銘酒居酒屋

㊟ 千代田区鍛冶町2-9-1　駅 JR神田駅から徒歩2分　営 16:00～23:30（L.O.22:30）　休 日曜、祝日　席 約130席

MENU

名物 馬刺し

神亀 ひこ孫 純米吟醸（1合）	1200円
神亀 ひこ孫 純米酒（1合）	980円
悦凱陣（1合）	1000円
鯉川阿部亀治	1380円
ノドグロの塩焼き	時価
馬刺しの盛り合わせ	2980円
燻製の盛り合わせ	1000円
クエお造り	1780円
あんきも	1260円

ひとこと

埼玉の銘酒「神亀」が全種揃っているのはこの店だけ。神亀ファンは必訪の店。

備考・その他

夏のクーラーで冷えた身体には、純米酒のお燗がお薦め。夏バテしなくなるとのこと。

（上右）新鮮な馬刺しを求めて今日も満員の店内。（上左）ノドグロの塩焼き。（下）新鮮な山海の珍味が盛りだくさんの厨房。

酎も悪くないが、芋の風味が強すぎて、馬肉の繊細な風味が消えてしまうような気がする。次にサンマの刺身を食べてみた。実に綺麗な盛り付けで感心してしまう。ホント手をつけるのが勿体ないくらいだ（苦笑）。青ネギを微塵切りにしたものとショウガをつけて切身を食べてみる……美味い！ 最近東京でも旨いサンマが食べられるのは嬉しいが、今日は特に味わいがさっぱりとして実に美味い！ ご主人が新鮮な魚介類の仕入に自信があると言っているだけのことはある。神田で旨い地酒を飲みながら、新鮮で美味しい山海の珍味を食べるなら文句なくこの店だとお薦めしておこう。（石原）

(上)三代目亭主を囲んで今日も盛り上がる店内。(左)鹿児島の味、つけ揚げ。

兵六《ひょうろく》

兵六憲法に守られた
神保町の名店

冷暖房もなければ、電話もない。昭和四十三年生まれの若き三代目亭主・柴山真人さんを囲むように設置されたコの字のカウンターの前には、二本の丸木を並べて作られた長椅子が置かれ、やってくるお客さんたちが詰め合いながら座っていきます。店内は、このカウンター席のほかに四人掛けのテーブル席が二つ。二十人ほどで満員ですが、それ以上に入っていることも多いのです。

「伯父が築いた兵六の空気を、死後も大勢の方々が大事にしてくださって現在にいたります。その方たちのためにも、兵六の空気を守ることが私の勤めです。」

創業者の甥でもある三代目亭主はそう語ってくれます。名店と呼ばれる店の後を継いでいくのは、いろんな重圧もあるし、なにかとご苦労も多いはず。そんな中で一所懸命がんばっている若亭主の姿に、大常連さんたちはもちろんのこと、若亭主の代になってから「兵

ひょうろく

兵六《ひょうろく》

✆ 電話なし

MAP P153 ジャンル 老舗

㊟ 千代田区神田神保町1-3-20 駅 東京メトロ神保町駅から徒歩3分 営 17:00～22:30 休 土曜、日曜、祝日 席 24席

MENU

名物 鹿児島と上海料理

美少年（1合）	700円
薩摩無双（1合）	650円
峰の露（1杯）	650円
麦焼酎（1杯）	650円
ビンビール（大／キリンラガー）	750円
餃子	550円
つけ揚げ	500円
兵六揚げ	400円
炒麺	900円
小松菜揚げびたし	350円

ひとこと

冷房なし、扇風機もない。木札のメニューが並ぶ、凛とした雰囲気の老舗。

備考・その他

突き出しは無料。原則として焼酎は3杯まで。

A7出口から神保町交差点へ出て、靖国通りを神田方面に。書泉グランデを過ぎてすぐの角を右へ。約20m先の右角。

（上）大きな板に書き出されたメニュー。（左）店内はいつも満席。（下）餃子も大人気。

六」に行き始めた我われも強く心引かれるのです。

初代亭主が鹿児島の出身で、上海勤務を経て、戦後、この地にこの店を創業されたということもあって、壁に並ぶメニューにも、つけ揚げや、きびなご丸干といった鹿児島のものや、焼餃子、炒麺（チャーメン）、炒豆腐（チャードウフ）といった上海のもの、そしてぬたや煮物、漬物、塩辛などの和風のものがそろっています。創業時から置いている芋焼酎は、徳利で焼酎が、それとは別にアルマイトの急須でお湯が出され、お猪口の中で湯割りに仕上げます。この空気の中でいただく芋焼酎が、あぁ、うまいっ！（浜田）

（上）角がすり減った１合升できっちりと計量されるお酒。カウンターの中の壁には全国の日本酒がずらり。

ふくべ　通人《つうじん》の酒席《しゅせき》

ふくべから　沸いて出る酒　金の色

東京駅八重洲北口、徒歩五分、永代通りの一本手前の路地を日本橋方面に進むと右手にあるのが、昭和十四年に酒屋から転身したという老舗の酒亭「ふくべ」です。この店は全国各地の日本酒が飲めることでも知られています。店内は入口すぐのL字型カウンター席と、そのカウンターの手前を右に抜けたところに広がったテーブル席の部屋、二階には予約制の座敷席もあり、総席数四十席ほど。カウンター内の棚に並ぶ四十種、五十本近い一升瓶は全国各地の地酒ながら、銘柄は昔からある、ナショナルブランド的なものが多くて、安心して美味しいお酒を楽しむことができます。カウンターの奥には菊正宗の四斗樽が二段重ねで置かれていて、これもまた人気の品。日本酒はすべて一合升できっちりと計量し、漏斗で徳利に注がれます。この一合升、漏斗の上で、くるり、くるりとひっくり返されているうちに、見事に底の角がとれて丸くなっていま

ふくべ　つうじんのしゅせき

ふくべ　通人の酒席

✆03-3271-6065

MAP P149　ジャンル 老舗

㊟千代田区八重洲1-4-5　㊮JR東京駅から徒歩5分　㊔平日16:30～23:00　土曜16:30～22:00　㊡第二土曜、日曜、祝日　㊛1階31席　2階お座敷4名～10名様まで。要事前予約

八重洲口北側に出て、外堀通りを左折。道の右側を歩き、「EXCELSIOR CAFE」が見えたらその先の路地を右折。その先通り沿い右手。

MENU

名物 **おでん**

ビンビール（小／キリンラガー）	400円
ビンビール（中／アサヒスーパードライ）	600円
新政（1合）	500円
豊の秋（1合）	550円
澤の井（1合）	600円
おでん	650円
塩らっきょう	350円
ぬた	550円
くさや	550円
しめ鯖	550円

ひとこと

東京駅の近くの古典酒場。全国の日本酒が並ぶ。

備考・その他

携帯電話禁止。料金については税抜金額。

（上左）名物のおでん。（上右）棚にはミニチュア樽も並んでいる。（中）しめ鯖。（下）くさやも人気の品。

す。「この升で、九年ほど使っています」と店主。九年間、毎日、毎日の積み重ねが、この升の形になったんですねぇ。すごい。「お燗で」とお願いすると、目の前の燗付け器で一本ずつ丁寧に燗をつけてくれます。

肴は、名物のおでんや、くさやの他、あじ、かます、マグロぶつ、冷奴、たたみいわし、玉子焼き、ぬたなどの三十五品ほど。数はそれほど多くないものの、呑ん兵衛好みのする品々がそろっています。メニューに値段は書かれていないものの、お酒二本と肴を二品いただいて二千円前後というお勘定も、人気の理由のひとつ。東京駅近くのオフィス街から、毎日のように足を運ぶ常連さんも多いのです。（浜田）

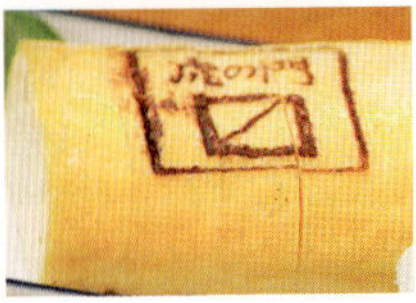

名物の「たこおでん」。ここに来たら是非食べて欲しい逸品だ。写真はたこ丸（1300円）。

升本《ますもと》

虎ノ門にサラリーマンの憩いの聖地を見つける！

新橋・虎ノ門エリアには、サラリーマンが仕事帰りに気楽に寄れる居酒屋がたくさんある。それだけにお店の競争が激しく、三カ月間程度でお店が入れ替わるのが当たり前の激戦区だ。だから、有名店と評価されるには料理とお酒のレベルやサービスの質が相当高いものが要求される。升本の場合には、料理・お酒のレベルが高いだけでなく、お客さんへのホスピタリティーもハイレベルな上で、値段が大衆価格なので、霞が関のエリート官僚から新橋エリアのサラリーマンまで幅広い支持を得ている老舗居酒屋である。

お店は虎ノ門駅から少し歩いてから、裏通りに入り、徒歩三分程度で到着出来る好立地にある。大きな店構えのため、花金の夜でも予約なしでも七～八名が入れるほど大店のお店で、一～二階がテーブル席で、三階が宴会用の座敷席となっている。当然店員さんの数も多いので、店内が混雑していても、注文がしやすいの

4番出口を出て直進。目の前角の三菱東京UFJ銀行を右折して、すぐ左手。

ますもと
升本
✆ 03-3591-1606

MAP P148　ジャンル 大衆

㊟ 港区虎ノ門1-8-16　駅 東京メトロ虎ノ門駅から徒歩1分　営 16:30～22:30　休 土曜、日曜、祝日　席 1階62席　2階116席　3階70席

MENU

名物 たこおでん

虎ノ門（1合）	300円
霞ヶ関（1合）	350円
三岳	450円
生ビール（小／サッポロ）	530円
サワー各種	370円～
たこおでん	650円
玉子焼き	400円
鯨ベーコン	680円
かつ煮	650円
自家製コロッケ	480円

ひとこと

仕事帰りのサラリーマンで常に満席の有名店、安い旨い早いの三拍子。

備考・その他

特になし。

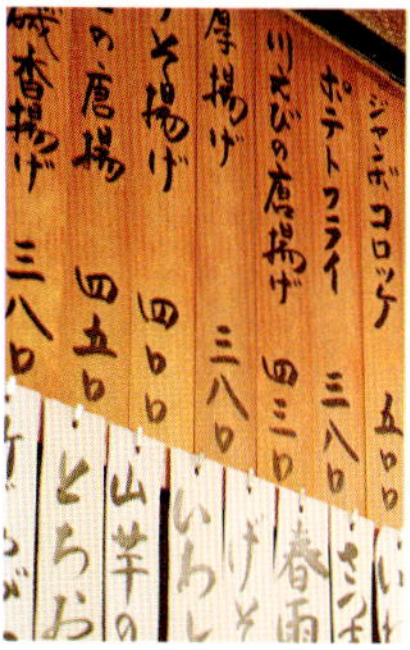

（上右）各地の地酒が揃っている。（上左）迷うほど種類が多い料理メニュー。（下）毎晩混み合う店内。

が良い。

　さて、この店の名物は「たこおでん」だが、どの料理も二〇〇～六〇〇円程度と本当に安い！　今回はポテトサラダ、おから、やきそばなどを食べてみたが、どれも実に美味しい！　また、このお店は酒屋さん直営の居酒屋なので、日本酒を格安の値段で飲むことが出来る。例えば、「田酒」、「小鼓」、「天狗舞」などがどれも他の居酒屋に比べて二〇〇～三〇〇円は安いと言える。何人かで飲みに来た場合、いろいろ食べて飲み食いしても一人当たり二千円もあれば足りるだろう。これなら会社帰りに、週一～二回は通いたくなるのは当たり前だね。（石原）

ささもと

銀座のハラワタ処、ここにあり！

スタートは、先ずは煮込みから。人気のキャベツは煮込むのに時間がかかるので、早めにオーダーを入れるべし。

突然だが、ライオンは餌のシマウマを、どこから食べるかご存知だろうか？　実は、はじめに口をつけるのは、息絶えたシマウマの腹部。狙いは、霜降りのメタボ腹……ではなく、その下に潜むホッカホカの内臓。そう、野生の血はハラワタを好むのだ。

もし、もしもである、銀座の街で突如あなたに野生の血がみなぎって、ハラワタモードが全開になってしまったら、思い出してほしいのがここ「ささもと」だ。

飲み物を決めたら、まずは看板メニューの一つ、〝串煮込み〟をオーダー。味噌仕立ての出汁に、串刺しになったモツが二本やってくる。お箸がなく、同行者とシェアしにくいので、人数分オーダーするのがいい。締め用の〝キャベツ煮込み〟も、煮込むのに時間がかかるので、〝串煮込み〟と同時にオーダーしておこう。

一方、焼き物だが、テッポー、シロ、ホーデン（睾丸）などなど、名前を聞いただけで野生の血がたぎっ

B2出口を出て右へ。すぐ右折し、左手縄暖簾の店。

ささもと

ささもと

☎ 03-3564-5881

MAP P149　ジャンル もつ焼き

㊟ 中央区銀座4-3-7 華菱ビル1F　駅 東京メトロ銀座駅から1分　営 平日17:00～23:00　祝日16:00～21:00
休 日曜、月曜の祝日　席 約30席

MENU

名物 串煮込み、葡萄割り

葡萄割り	682円
梅割り	682円
酸塊割り	682円
生ビール（中／エビス）	682円
玉の光（1合）	682円
串煮込み	390円
キャベツ煮込み	195円
串焼各種	195円～
サシミ各種	292円～
ブレ煮込み（1人前）	780円

ひとこと

もつ、煮込みとワイン（葡萄）焼酎割りのお店。

備考・その他

焼酎は3杯まで。酔っている方はお断り。

お店を仕切っているスタッフは全員男性。ハラワタ処に相応しい。テキパキ、キビキビとした動きの良さが心地よい。

てしまう部位がメニューに踊るが、何にするか少々オーダーに迷ってしまいがち。そんな時は、三本・五本・八本、野菜いり八本が用意されている「本日の盛り合わせ」を。食べやすいところを中心に用意してくれるので、ハラワタ初心者でも安心だ。好みの部位があれば、それを入れて盛り合わせにすることもできる。個人的には、周りをさっとあぶってレアで食べる〝ダンツクネ〟が絶対のお勧めだ。

　ハラワタのほか、この店を語るのに欠かせないのが〝焼酎〟。キンミヤ焼酎に申し訳程度にワインや梅シロップを入れた一杯で、アルコール度数はもの凄く高く、お店でも一人三杯までしか出してくれない。三杯制覇は危険極まりないので、ご注意を！（小関）

佃喜知《つくきち》

地団駄を踏みたくなければ、早い時間に！

創業三十年以上、銀座の飲ん兵衛なら、誰もが知る老舗有名店である。

旧店舗は、街路から一つ入った路地にあり、間口も狭く、一目客にはやや敷居の高い雰囲気を醸し出していたが、二〇〇八年五月、近くの雑居ビルに移転。お店も新しくなり、趣は後退したかもしれないが、その分、隠れ家的魅力は一段と増したように感じる。

ご主人を中心に、ご家族でお店を切り盛りしており、銀座の店にありがちな気位の高さとは無縁で、心のこもったおもてなしが受けられる。カウンター席もあるので、一人での訪問でも気後れは必要ない。

築地のマグロ卸の家の出で、関西割烹「出井」で修業したご主人が、卓越した目利きで仕入れる素材のよさと、しっかりとした技術によってしつらえられる魚料理は、どれもが美味しく、評判が高い。ゆえに連日、早い時間から多くのお客が押し寄せ、お勧めは早々に

生もの、煮物、そして、焼き物だって抜かりなし！　絶妙な塩加減が膨らませる、鴨の旨みをご堪能あれ！

数寄屋橋交差点脇、すきや橋通りを直進。交差点を1つ渡り、すぐ右手の雑居ビル。

佃喜知《つくきち》

03-3574-1589

MAP P149 ジャンル 老舗

㊟ 中央区銀座6-3-5第2ソワレドビル3F　㊖ 東京メトロ銀座駅より3分
㊒16:30～22:00　㊡ 土曜、日曜、祝日
㊢ カウンター-8席、テーブル19席

MENU

名物 マグロ丼

- ビンビール（中／キリン、アサヒ、サッポロ）……630円
- 菊正宗（一合）……630円
- 梅酒（自家製）……1050円
- 八海山（純米吟醸）……1260円
- 白波（ボトル）……3675円
- 本マグロ中おち……1050円
- 自家製いわしつみれ……840円
- 合鴨塩焼……945円
- 玉子焼き……630円
- キスの一夜干し……840円
- マグロ丼……1050円
- ミニマグロ丼……840円

ひとこと

2008年5月にリニューアルオープンした、銀座の飲ん兵衛に愛される老舗。

備考・その他

特になし。

魚料理に加えて、確かな技術で丁寧にとられた出汁が決め手のおばんさいも人気。こちらも早い者勝ちだ。

品切れになってしまうことも多い。遅い時間に訪れると、数時間前に他人の胃袋に消えてなくなったメニューの数々がしたためられたお品書きを、苦々しい思いで眺めることになる。そんな地団駄を踏むような思いをしたくないのなら、早い時間の来店が不可欠だ。

お茶漬けはじめ、締めの食事ものも人気を博しており、中でもヅケの赤身を使った「マグロ丼」は、しょうゆの加減が絶妙で、酒や肴をセーブしてお腹に余裕を残してでも味わいたい一品だ。但し、他のメニューと同様、こちらも遅い時間には売り切れ必至。

自分自身経験があるが、「締めは〝マグロ丼〟」と心に抱いて来店し、振られた際のダメージは海よりも深く、しばし立ち直ることが困難なのでご注意を。（小関）

素材の持ち味を生かす薄目の味付け。魚の旨さもさることながら、煮汁を吸ったゴボウや小松菜の深い味わいも忘れがたい。

三州屋《さんしゅうや》

飲み友達のありがたみが実感できる オヤジの聖地

世界中の高級ブランドが競って店を構える銀座に、お父さん達の聖地と呼ぶべき店がある。プランタンの裏、並木通りから少し引っ込んだところに、歴史ある風情を漂わせ佇む「三州屋」こそ、その店である。

ガイドブックにも取り上げられるほどランチでも有名な店で、開店は昼時の一一時三〇分。それから二二時三〇分の閉店時間まで、休憩なしの通し営業を貫いているため、夕方早い時間から、どっしりと腰を落ち着けて飲みたい時でも対応してくれる大変貴重な店でもある。実際、宵の口から、嬉々としてこの店の暖簾をくぐるお父さん達の姿は後を絶たない。

店内の壁いっぱいに張られた短冊には、人気の〝鳥豆腐〟や〝刺身〟などの定番メニューがずらりと並び、ホワイトボードには季節のメニューが書き示されている。その数、優に百種以上。しかも、五〇〇円～六〇〇円の価格帯のメニューも豊富とあって、食いし

4番出口を出てampmを右折。2本目の路地を右折し、少し進み右手奥。

さんしゅうや

三州屋

☎ 03-3564-2758

MAP P149 ジャンル 老舗

㊟ 中央区銀座2-3-4 駅 東京メトロ銀座一丁目駅から徒歩2分 営 11:30～22:30 休 日曜 席 1階50席 2階30席

MENU

名物 鳥豆腐、カキフライ

白鶴各種 ……………………… 380円～
生ビール（大／サッポロ）…… 880円
ビンビール（大瓶）…………… 670円
千夜一酔（4合）……………… 2650円
ローヤル12年（小／サントリー）
…………………………… 3680円
金目あら煮 ‥ 740円（定食1000円）
鳥豆腐………………………… 480円
海鮮どんぶり ………………… 1000円
エビフライ ‥ 790円（定食1000円）
あさり酒蒸し ………………… 500円

ひとこと

ランチの時間から夜までお父さんたちの味方。

備考・その他

特になし。

ずらりと並んだ短冊メニューに目移り必至。とりあえず1～2品軽いものをオーダーしてから、熟考するのが正解。

ん坊ならずとも、あれやこれやとオーダーしてみたくなるのが人の常だ。一人で訪れても十分に楽しめる店ではあるが、己の胃袋の小ささが恨めしく思えてしまうのもまた事実。なので、気の置けぬ飲み友達と集って出かけ、思う存分食べたいものをオーダーし尽くすのが、この店の魅力を堪能する一番のポイントだろう。

尚、夜でも〝さばの味噌煮〟や〝エビフライ〟などのおかず系メニューもオーダー可能で、定食にもしてくれる。ただし、ご飯だけのつもりで入店しても、何故か知らねどビールを口に。更には、ついつい杯を重ねてしまいかねない雰囲気なので、どうしても飲んではいけない時は要注意。強い意志を持ってお出かけされることをお勧めする。（小関）

竜馬《りょうま》

一人でも楽しめる極上空間

店に無い銘柄の話をしてたら、御主人は是非教えて欲しいと、メモを取っていた。それほど研究熱心。

群雄割拠の態なす飲み屋パラダイス、新橋に店を構える。個性的な店名の由来はご主人の「竜馬」好きによるという。シックな造りの店内は、収容三十名はあろう立派なカウンターが、デーンと奥まで突き進む。入ると強烈なインパクトで視界に飛び込むのが、壁一面に並ぶ焼酎のビン。プレミアム品から芋・麦の名品が一堂に会し、酒飲みならば胸躍る光景だ。この「酒落たディスプレー」を借景とし酒を飲むのも一興アリだな……そう感心して眺めていたらなんと全てが商品、オーダー可能であるという。良く見ればビンの置かれた棚には、黄・赤・緑・青と色分けされたシールが貼られ、それぞれ手元に置かれた解説と連動。巧みなフォローで、銘柄を楽しめるという仕組みなのだ。

つまみメニューも、刺身あり（まぐろ系は特に凄い）、揚げ物あり、炒め物ありとじつに変幻自在。めんたいオムレツは、絶妙な火加減でぷるんぷるん。長皿に横

りょうま
竜馬

✆ 03-3591-1757

MAP P148 ジャンル 立ち飲み

㊟ 港区新橋2-13-3　㊕ JR新橋駅から3分　㊒ 平日17:00〜翌01:00　金曜17:00〜翌04:00　㊡ 土曜、日曜、祝日　㊢ 約50名

駅前SL広場前の大通りを左折し、すぐの交差点を右へ。そのまま直進し、新橋三丁目交番前交差点を越えてすぐの路地を右へ進んだ左手。

MENU

名物 刺身

焼酎各種	400円〜
日本酒各種	500円〜
泡盛各種	400円〜
ワイン（ボトル）	2000円
ホッピー	480円
鮪脳天刺身	500円
やきとり	（1本）150円
焼そば	200円
めんたいオムレツ	300円
アジフライ	300円

ひとこと

立ち飲みの老舗。女性客も多い。

備考・その他

ナンパは禁止。予算を決め、カウンターのかごに現金を入れておくと、注文ごとに会計をしてくれる。

ボリューム満点のやきとりは、一人一本の限定商品。売り切れと知りがっかりした人に、幾度と無く出くわした。

たわるいでたちは、何故か「一匹」という表現を使いたくなる。食すとふわりと口で解け、その洗練された味わいは、とても立ち飲みで供する品とは思えない。スタンダードなアジフライも実に揚げ上手。値段からして給食テイストを想像したが、ふわりサクサクのプロ仕立て。手元のソースもウスター（鉄則）と、細部に渡って抜かりは無い。贅沢に飽食したら、仕上げはインスタントラーメンで決まりだろう（笑）。こちらは二十一時以降からのオーダーとなるが、この手の店で麺をすするると、それはそれは注目浴びて愉快である。

良心価格でこうした銘酒と、美味しいつまみで酔い尽くせるとはありがたい。立ち飲みでありながら、腰据えて飲みたくなるのも無理はあるまい。（藤原）

帆立貝のヒモから取った出汁を、ベシャメルソースに加えて作る帆立貝のクリームコロッケは冷めても美味しい。

やまだや

やまだや

旨いもの好き店主の探究心が生んだ築地の名店

「去年はフランス行って、ワイン作っているところを見てきたんですよ」「やっぱり、作り手の方の話を直に聞いた方が、お客様にも自信をもってお勧めできますし」。事もなげに、こんな言葉を口にするのは、「やまだや」のご店主・山田佳延氏だ。日本酒の蔵元を訪ねたり、焼酎の醸造元に足を運ぶ居酒屋の店主の話は時々耳にするが、まさか地球の裏側にまで足を運ぶとは……この地球規模の探究心には脱帽である。

山田氏は築地で仲卸を営む一家に生を受け、宿命づけられたかのように料理の道に入った人物。九年前、「居心地のいいスペースで酒が飲めて、うまい肴が食べられる気楽な店」という、自らの理想を実現させるため「やまだや」をオープンさせた。冒頭の発言のように、時間を見つけては国内・国外を問わず足を運び、旨い物探しを続けているという店主の心意気に惹かれてか、多くの食いしん坊や酒飲みの熱い支持を受け、

やまだや《やまだや》

やまだや

☎ 03-3544-4789

MAP P150　ジャンル 創作料理

㊟ 中央区築地7-16-3 クラウン築地102　㊕ 東京メトロ築地駅から徒歩6分　㊖ 平日18:00～L.O.23:00　土曜18:00～L.O.22:00　㊡ 日曜、祝日　㊛ 29席

駅を出て、本願寺脇の並木通りを直進し、突き当たりを右折。1本目の路地を左折し、直進。突き当りを左折してすぐ左手。

MENU

名物 こだわりの創作料理

生ビール（グラス／キリン一番搾り）……525円
くれはロワイヤル（グラス／和紅茶梅酒）……735円
ヴォルネー　プルミエクリュ '03（ボトル／赤ワイン）……8610円
風の森（純米しずく）……630円
千亀女（芋・麦／グラス）……525円
旬の刺身……892円～
自家製豆腐のみそ漬け（4個）…756円
手作り帆立貝クリームコロッケ（4個）……840円
やまだやベーコン……997円
伊予水軍（地鶏）ムネタタキ・945円

ひとこと

お店のメニューは創作料理が主体。店主が織り成すこだわりの創作料理が売り。

備考・その他

特になし。

テーブル席の他、カウンター席もあり一人飲みもOK。但し、人気店なので、空席の有無は訪問前に要チェック。

今や、築地屈指の人気居酒屋となっている。

〝うにピザ〟、〝帆立貝のクリームコロッケ〟など、この店ならではの人気メニューは数多く、一つ一つが魅力的だが、〝わら焼カツオの塩タタキ〟など、「美味しいものに出会ったらメニューに反映させる」という店主の探究心が生んだメニューも忘れずチェックしておきたいところ。酒に関しても、日本酒・焼酎・ワインそれぞれに、店主自らが見つけてきた逸品が揃っている。日本酒と焼酎は四種のお酒が味わえる「味見セット」が用意されていて、お気に入りの銘柄を見つけるのに便利。それでも、迷ったら遠慮なく訊いてみるのが一番。満面の笑みを浮かべた店主が、お勧めを教えてくれるはずだ。（小関）

名物のにこみ。写真はネギ抜きだが、お好みでネギ入りをコールしよう。

岸田屋《きしだや》

癒し効果抜群の老舗居酒屋は にこみと鰯のつみれ汁がお奨め！

岸田屋は、北千住の「大はし」、森下「山利喜」と並んで東京三大煮込みの店と言われており、地元の人気店だ。近所に住んでいる関係で、よく行くお店だが、開店時間から少し過ぎると、満席のため入店出来ないことが度々ある程だ。

お店は、もんじゃストリートを勝鬨橋方向に歩いていけば、ストリート沿いに大きな暖簾が見えてくるので、すぐに見つけることが出来る。

店内は、コの字型のカウンター席で、空いていればテレビが見える左側がお奨めだ。店内は、年季が入った感じだが、清潔感に溢れていて気分が和む不思議な雰囲気がある……この雰囲気は、大阪の明治屋、改装する前の大はしにも感じられて一人酒をしみじみ楽しみたい人にはうってつけと言えるだろう。

今回は開店と同時にお店に入れたので、テレビが見えるカウンター席に座った。そして、飲み物は瓶ビー

7番出口を出て、勝どき方面に、仲見世通りを真っ直ぐ。300m進んだ左手。

きしだや

岸田屋

✆ 03-3531-1974

MAP P151 ジャンル 老舗

㊟ 中央区月島3-15-12 駅 東京メトロ月島駅から5分 営 17:00〜22:30（暖簾を入れるのは21:30） 休 日曜、祝日 席 約22席

MENU

名物 **牛にこみ**

生ビール（中／キリン）	560円
ビンビール（大／キリン）	630円
菊正宗（1合）	360円
川亀（純米吟醸生）	950円
焼酎各種	400円
肉どうふ	600円
牛にこみ	450円
うるめ丸干し	400円
ぬた	400円
いわしつみれ吸物	280円

ひとこと

老舗中の老舗。名物の牛にこみといわしのつみれ汁は必食。

備考・その他

18時〜20時はかなり混むので、できれば開店直後の17時過ぎがおすすめ。

（上）カウンター席の裏側にはネコが寝ている。（下右）ぬたとうるめで日本酒が美味い。（下左）にこみで軽く一杯が心地良い。

ルと注文すると、とても愛想の良いお嬢さんが瓶を持ってきたね。その瓶を受け取りつつ、ネギ入りのにこみを注文する……にこみはお好みでネギ入りかネギ無しがチョイス出来る。店内のお客さんはほぼ全員がにこみを注文している。これが有名だから当たり前か（笑）。にこみの中身は、牛のモツを醤油味でじっくりと煮込んであり、これが軟らかくて美味しい！　この味がまた甘味がなく、酒飲みにはぴったりだ！　やはり三大煮込みと言われるだけのことがあるね。

このお店の場合、にこみ以外にもいろいろお勧めがあるが、是非食べて欲しいのが鰯のつみれ汁。締めに是非食べてみることをお勧めしたい。きっと納得して貰える絶品の味である。（石原）

（上）カウンター内の棚には厳選された日本酒がずらりと並ぶ。
（左）焼き味噌は表面がカリッと焼き上げられている。

浅七《あさしち》

日本酒を美味しく頂くための大人の酒亭

創業以来まだ二十年という「浅七」ながら、他に類を見ない大人の酒亭として、もはや老舗の風格。店内は七人分の直線カウンターに、座敷に四人掛けの卓が五つ。四人卓ながら、座布団は向かい合わせに二人分しか置かれておらず、「ゆったりとお使いください」という店主の心意気が伝わってきます。入口近くには、「お酒は、最初はひとり一品ずつ注文すること」「つまみは一人分になっているので、ひとりで一品を基本とすること」「別のグループと酒のやりとりをしないこと」「店内では携帯電話は使用しないこと」「お酒を飲めない人、他店でお酒を過ごした方は、入店しないこと」といった注意書きが掲げられていますが、改めて考えてみると当たり前のマナーばかり。これが明文化され、しっかりと守られているから、ちょっと緊張感のある凛とした雰囲気が保たれていて、そのことによる居心地の良さがあるんですね。

あさしち
浅七
✆ 非公開

MAP P151 ジャンル 酒亭

㊟ 江東区富岡1-5-15 ㊫ 東京メトロ門前仲町駅から徒歩1分 ㊋ 平日17:30～22:30 土曜17:30～21:00
㊡ 日曜、祝日 ㊛ 20席

MENU

名物 地酒、マグロづけ

〆張鶴 純米吟醸（1合）	800円
大七純米生酛（1合）	800円
群馬泉 純米（1合）	800円
三千盛 辛口純米（1合）	800円
梅の宿 青垣特別純米（1合）	800円
マグロづけ	600円
炒りだし蒟蒻	500円
焼き味噌	400円
湯豆腐	450円
ホタテ釜上げ	500円

ひとこと
日本酒がおいしく飲めることを優先に、料理も用意されている。

備考・その他
日本酒を飲めない方の入店は不可。お仲間以外のお客さんとのお酒のやりとりはご遠慮を。

（上左）炒りだし蒟蒻。（上右）人気のマグロづけ。（下）無駄な装飾のない、すっきりとした店内。

飲み物は日本酒のみで、定番の七種の他に月に二～三種類がスポットで。すべて正一合で出され、「つめたいの」「ひや（常温）」「お燗」が、さらに「お燗」の場合は、熱め、ぬるめなど、お燗の具合も指定することができます。合わせる肴も、メニューに並ぶのは十数品と、まさに少数精鋭。その少数の中に焼きみそや、名物のマグロのづけなど、呑ん兵衛好みのする逸品が並びます。肴は一品一人前が基本なので、グループで行ってもそれぞれ一人用で用意されます。だから各人が自分の好みの肴で楽しむことができるのでした。（浜田）

2番口を出て右へ。約20m進み、本屋の角を右へ入り約10m先の右手。

毎日午後4時になるとお客さんがどっと押しかける。

魚三酒場《うおさんさかば》

この店だけは行列に並んでまで行く価値あり！　日本を代表する居酒屋

　門前仲町のある一角に毎日午後四時頃になる度に長い行列ができる所がある。これが土曜日となると相当長い行列になるので、早めに並ぶ必要がある。しかし、この行列に並んで目出度く入店出来れば、至福の時間を過ごすことが出来るのだから、三十～四十分程度の行列くらい我慢する価値があるというものだ。魚三酒場は、そんな至福の時を求めてくる居酒屋道の求道者（？）達のメッカとも呼べる店だ。

　サラリーマンが帰宅時間となる午後七時頃には、店内はもちろん満席状態だが、席が空くのを待つ人達が再び行列をしている。そこで待つのが嫌いな御仁にアドバイスを一言。入店したお客の波（四時に来店したお客は六時頃に帰る、六時頃に来店したお客は八時頃には帰る可能性がある）を見ながらお店に行くと良い。私は八時半くらいにふらりと一人で行くと、一階の席にすんなり座れることが多い。ちなみに、一～二階は

2番口を出て右へ。通り沿いに約30m先。

うおさんさかば

魚三酒場

✆ 03-3641-8071

MAP P151 ジャンル 大衆

㊟ 江東区富岡1-5-4 ㊫ 東京メトロ門前仲町駅から徒歩1分 ㊤ 16:00～22:00 ㊡ 日曜、祝日 ㊢ 約80席

MENU

名物 **刺身**

コップ酒（1杯／金亀）	180円
大関（1合）	380円
白鹿マス酒（1合）	380円
生ビール（大／アサヒ）	640円
焼酎（ボトル／燦）	1800円
マグロ刺身（赤身）	400円
マグロぶつ	230円
甘エビ	350円
ホタテ刺身	300円
あら煮	50円

ひとこと

行列覚悟の有名店。刺身類の豊富さと安さには定評アリ。

備考・その他

お子様連れは入店不可。2階は禁煙。

（上）魚三の定番料理のマグロ刺身、甘エビ、ホタテ刺身。（下）五合徳利で日本酒を飲めば極楽気分を満喫できる！

二人連れまでのお客が、三階席は団体客が座れるようになっている。三階以上は、宴会席となっている。

そして、この店に来たら憶えておいた方が良いルールがある。まず、注文が通り難い場合があるが、根気良く注文をすること。決して怒らない（笑）。店員さんが近くに来た時に大きな声で注文するのが良いだろう。あと、ブリつゆは最初に頼んではいけない。これは締めの飲みものなので、いきなり頼むと店員さんから「もう帰るの?」と嫌味を言われるかもしれないので要注意だ。でも、物価高のご時世で、新鮮で量たっぷりの刺身などをお腹一杯食べて飲んで三千円もあればお釣りが来るのだから、行列に並ぶ価値が十分あるというものだ。（石原）

だるま

だるま

毎夜飲兵衛が集う癒しの老舗居酒屋 ここにあり！

大きなつくねがボリュームたっぷりで実に美味しい。

この店には、いくつかの特徴がある。まず一つ目は、ジャズが大きな音で店内にBGMとして流れていることだ。五〇～六〇年代のモダンジャズがラジカセから大音量で流れている。これは、客に聞かせるというより、店の親父さん（これがダンディーな感じで、居酒屋の親父という感じがしない）の趣味で、自分が聞きたくて流しているのではないだろうか（笑）。ただし、お店の混み具合や雰囲気で流す時と流さない時もある。だから、ジャズを聞きながら飲みたい時には、親父さんにお願いしてみるのが良いだろう。

二番目の特徴として、店で手伝っている娘さんがかなりの美人で愛嬌が良いこと。お客さんによっては、美人姉妹を目当てにお店にやってくる程だ（笑）。

三番目の特徴として、つまみの量がかなりあるので、一人で行った時は一～二品頼んで様子を見ると良い。そして、まだ余裕があれば、追加注文すると良い。

5番口を出て約30m進み、ガソリンスタンドの角を右に曲って約50m。赤い提灯が目印。

だるま

だるま

03-3643-4489

MAP P151 ジャンル 大衆

住 江東区門前仲町2-7-3 駅 東京メトロ門前仲町駅から徒歩2分 営 平日16:00～23:00 土曜、日曜16:00～22:00 休 不定休（正月、GW、お盆） 席 約40席

MENU

名物 ボリュームたっぷりの料理

新政（1合）	500円
王将（1合）	350円
ビンビール（大／サッポロ、キリン）	550円
生ビール（小／サッポロ）	500円
酎ハイ（1杯）	400円
煮込み	650円
マグロぶつ	600円
マグロ串焼き	700円
つくね	600円
サラダ盛り合わせ	600円

ひとこと

門前仲町の居酒屋と言えば、ここと魚三。ジャズが流れる粋な店。

備考・その他

家庭的な雰囲気の中で楽しく飲んでください。

（上）モダンジャズが流れる店内は落ち着いた大人の癒しの空間だ。（下）チューハイの味はレモンベースとライムベースの味を自分の好みで決められる。

そして四番目の特徴として、つまみを頼む際に、ある独特の言い回しがある。これはお店で確認してみることをお勧めしたい（笑）。

お勧めの料理としては、サラダ盛りがある。レタス、トマト、ポテトサラダが乗っていて相当な量だが、マヨネーズの味が自家製らしくあっさりとした味わいがサラダ好きには堪らない。

飲み物は、チューハイがお薦めだ。中ジョッキグラスにたっぷりの焼酎が入っていて、これにお客さんが自分の好みでレモンベースかライムベースの味を入れたいだけ入れられるので、その日の気分で濃い目にしたり、薄目にしたりと気持ち良く酔える店である。（石原）

（上）串のまま煮込まれている牛煮込みは手前からシロ、フワ、ナンコツの３種類。奥はお通しのお新香。（左）オニオンスライス。

大坂屋《おおさかや》

大正時代から煮込み一筋

　大正十三年に屋台の煮込み屋さんとして創業した「大坂屋」。戦後、この地に店を構え、現在は三代目となる女将が店を守ります。店内はメインカウンターに六、七人、壁際に作りつけた補助カウンターを入れても、全部で十人も入ると満席になるという小規模なもの。丸く円弧状にカーブするメインカウンターのまん中に煮込み鍋が埋め込まれていて、強い火でグツグツと煮立つ黒いタレの中から、太い菜箸で串刺しのシロ、ナンコツ、フワ（肺）を取り出してくれます。運良く鍋の近くに座れたときは、自分で好きなものを取ることもできて、いずれの場合も、食べた串の本数でお勘定してくれます。

　メニューはこの煮込みのほかには玉子入りスープとオニオンスライスしかないという潔さ。玉子入りスープを注文すると、殻付きの生卵が煮込み鍋に投入され、ちょうどいい半熟状態になるまで茹でられます。熱々

おおさかや

大坂屋

☎ 03-3641-4997

MAP P151 ジャンル 老舗

5番口を出てまっすぐ進む。ガソリンスタンドのある交差点を右へ曲がったすぐ左手。

㊟ 江東区門前仲町2-9-12 ㊍ 東京メトロ門前仲町駅から徒歩2分 ㊡ 16:00～21:00（時間内でも材料がなくなると終わり） ㊡ 日曜、祝日 ㊡ 約10席

MENU

名物 **煮込み**

多聞（1合）	430円
冷酒多聞（300ml）	950円
焼酎梅割り（1杯）	400円
ビンビール（大／キリン、サッポロ）	650円
ビンビール（小／キリン、サッポロ）	550円
ワイン（ハーフサイズ）	1050円
牛煮込み（1本）	130円
オニオンスライス	300円
玉子入りスープ	330円

ひとこと

基本的に煮込み主体のシンプルなお店。大正13年創業。

備考・その他

酔っぱらって来る方は、お断りする場合もある。

（右）これが「大坂屋」の全メニュー。（下）煮込み鍋から牛煮込みを取ってくれる女将。

のまま殻を剥いて小鉢に入れ、煮込みの汁をかけたらできあがり。添えられたスプーンで玉子を崩しながら、そのまま食べてももちろん美味しいのですが、おすすめなのは煮込みを三本分ほど串からはずしてスープの中に入れて、半熟玉子に絡めながらいただくという食べ方。煮込みのコクに、玉子のコクが加わって、クセになること間違いなしのつまみになります。

焼酎を注文すると、目の前にグラスが置かれて、焼酎をたっぷりと注いだ後、梅エキスをちょいと加えてくれます。それとは別に、氷入りの大きなロックグラスを出してくれるので、それに移し変えて冷たくして飲むと、熱々の煮込みとベストマッチなのです。（浜田）

特製たたきは、ひとり1本かぎりの限定品。(左) 立ち飲みカウンター横の看板。

秋田屋《あきたや》

もつ焼きの煙がもうもうと漂う人気店

午後三時半の開店と同時に大勢のお客さんたちがやってくる「秋田屋」。店の外まで人があふれ出して立ち飲んでいる光景は、この辺りの名物にもなっているほど。「お一人様一串限り」の限定品、たたきは豚ナンコツの入ったツクネ団子で、タレ焼きしたものに青海苔をかけてできあがり。豚一頭から二串分しか取れないたたきは、毎日一二〇本程度しか作れない。だからこそ限定品なのですが、ほとんどのお客さんが注文する人気の品です。コリッとしたナンコツの食感があるのがいいですね。

もつ焼きは二本一皿で三六〇円。テッポウ、レバー、タン、ハツ、ナンコツ、コブクロ、ホルモン、ガツ、カシラの九種類がありますが、ホルモンはシロ（腸）ではなくて玉（睾丸）のこと。焼き方はタレ、塩が選べます。浜松町といえば、大島、新島、八丈島方面へと向かう竹芝客船ターミナルのある町でもあります。

北口を出て、東京タワー方面へ。大門交差点手前。

秋田屋《あきたや》

✆ 03-3432-0020

MAP P148 ジャンル もつ焼き

㊟ 港区浜松町2-1-2　㊫ JR浜松町駅から徒歩2分　㊔ 平日15:30〜21:30　土曜15:30〜20:30　㊡ 日曜、祝日、第3月曜　㊢ 1階32席　2階37席

MENU

名物 たたき（肉だんご）

生ビール（大／キリン）	750円
高清水	350円〜
レモンハイ	400円
黒生ビール（小／アサヒ）	500円
赤ワイン（1/4ボトル）	500円
煮込み	450円
ひずなます	450円
特製たたき	220円
もつやき各種（2串）	360円
鮭かまやき	500円

ひとこと

名物のたたき（肉だんご）は、ひとり1本かぎり。

備考・その他

混雑時は2時間まで。

店内テーブル席は座って飲める。（上左下）煮込み。（上右）浜松町近くなので、国際色も豊か。（下）人気のもつ焼き各種。

そのせいか、この店には新島直送のクサヤも大・中・小と三種類あって人気のようです。

日本酒は「高清水」で、メニューに小徳利（五五〇円）と書かれているのが、普通の店の大徳利（二合徳利）の大きさです。このお酒にズバリと合うのがお新香や一夜漬けなどの漬物類（各三〇〇円）。お新香は、大根、キュウリ、ニンジン、白菜のぬか漬を小鉢に盛り合せたもので、一方の一夜漬けは、キャベツとキュウリ、ニンジンを細く切って塩でもんだものが、小鉢に山盛りで出されます。タコの足一本を丸ごと焼いた、たこ焼き（四五〇円）もおすすめです。（浜田）

西口やきとん《にしぐちやきとん》

連日の賑わいも納得
焼きのアレンジを楽しもう！

「味良し、量良し、値段良し」。大衆酒場の王道を突き進む立ち飲み屋だ。

間口に比べ奥行深く、収容は五〇名規模と大きなもの。手前部分が立ち飲みスペースで、奥の空間はイス席となっている。この規模ながらテキパキと作業をこなす若きスタッフが調理・ホール共に適切に配され、注文時の応答性も良好だ。

主力メニューはその名が示すモツ焼き。新鮮素材をふんだんに使い炭で焼かれるモツは、香ばしさが加味され抜群に旨い。

ただこれだけでは数多ある普通のモツ焼き屋。実はこの店の真骨頂は、そのアレンジにあるといっていい。正統な調理法に飽き足らず、ガツを醤油漬けにし、焼き上げたり、フランスパンを串刺しにして焼くなど、その研究に余念がないのだ。

日替わり小皿も個性的だ。圧力鍋を駆使した調理法

この熱気みなぎる空間で、グラスを片手にもつを頬張ると、得もいわれぬ幸福感に浸ることができる。

西口やきとん《にしぐちやきとん》

西口やきとん

☎ 03-3864-4869

MAP P152 ジャンル 立ち飲み

㊟ 台東区浅草橋4-10-2 ㊫ JR浅草橋西口から徒歩2分 ㊤ 17:00～23:30（L.O.23:00） ㊡ 日曜、祝日 ㊢ 約70名

西口の線路沿いを左に向かい、すぐ見えるampmを右折。1本目路地を左折して右手すぐ。

MENU

名物 もつ焼き

どぶろく（1合）	300円
八海山（1合）	500円
烏龍ハイ	280円
レモンハイボール	280円
生ビール	300円
もつ焼き各種	100円
塩煮込み	150円
タンチャーシュー	150円
皿ナンコツ	150円
日替わり小皿	150円

ひとこと

サラリーマン憩いの場。もつが美味くて安い。

備考・その他

他のお客さんの迷惑になるような行為は禁止。ケンカ禁止。

2006年、向かいに新店舗が完成。こちらはテーブル席主体で構成される。

で、なんこつを秘伝のタレに漬け込んだ醤油漬けや、ホワイトソースやチリソース、はたまたデミグラスソースで煮込むという、驚愕の妙技まで披露してくれる。ソースとモツが渾然一体と化したこれら逸品、提供価格は全て一五〇円！というから、ひたすら平伏である。

最後に愛すべき品がある。それはきゅうりの酢漬け。これが肉々しいメニュー群にあって、まこと良きオアシスとなってくれる。モツ焼きがメインの店なので大きな声ではいえないが、このきゅうりと日替わり小皿の組み合わせは、時折ムショーに食べたくなる。この至福セットの存在は、我が訪問目的の重要な一因と化している。（藤原）

山利喜《やまりき》

煮込み界に君臨する不動のガリバー

じっくり調理された名物煮込み。気取らぬメニューながら、濃厚な味わいにノックアウトを食らう。

山利喜は「煮込み」の話題がのぼれば、必ず名前が挙がる有名店だ。

森下といえば、かつては情緒溢れる町並みを誇ったが、今では開発進み「下町らしさ」は失速。そんな中、店は孤軍奮闘、昔の面影守る姿勢には大いに賛同だ。

保守的な外面とは裏腹に、繰り出される料理は、フランス料理の手法を果敢に取り入れ、一風変わった揃えとなっている。その代表例が看板メニューの煮込みだろう。大鍋で時間をかけてじっくり煮込まれ、供する直前に素焼きの皿に取分けられる。一見オーソドックスな手法と映るが、実は自身の経験をフィードバックさせ、ワイン、八丁味噌、香草を見事に調和させ、格調高き逸品へと仕上がっているのだ。

注意すべきは、その豊富なバリエーション。煮込み、煮込み玉子入り、煮込み玉子二個入り、玉子のみと多岐にわたるので、その日の気分でセレクトするといい

A4出口を出て左へ曲り、新大橋通り沿いに進み、交差点を渡って2軒目。

山利喜《やまりき》

☎ 03-3633-1638

MAP P150　ジャンル 大衆

㊟ 江東区森下2-18-8　㊕ 都営線森下駅から徒歩2分　㊄ 17:00～22:00
㊡ 日曜、祝日　㊢ 78席

大衆酒場というカテゴリーに属しながら、自然とギネスやワインが調和する空間。料理の選択肢も幅広い。

MENU

名物 **煮込み**

鶴の友（1合）……650円
醸し人九平次（1合）……800円
生ギネスビール（ハーフパイント）……650円
生ビール（中／キリン）……550円
ボトルワイン（赤・白）……3000円
煮込み……580円
ガーリックトースト……300円
鯛酒盗和え……700円
青柳と分葱のぬた……650円
自家製鶏レバテリーヌ……800円

ひとこと

東京3大煮込みのひとつと称される煮込みは絶品。

備考・その他

お子様連れでのご入店はお断り。予約は、18時までに入店できる場合のみ可能。

だろう。最後は店の流儀に習い、ガーリックトーストを追加しよう。残った汁を浸して食し、最後まで堪能するのが正しいスタイルなのだ。とどめをさすユニークな存在が、飲み物メニューに潜むワインだろうか？

意欲的な揃えで、注文時の説明も親切丁寧。こうした品も違和感なく溶け込むあたりが老舗の成せる技であろう。

他にも輝かしい歴史を誇るやきとんや、湯とうふ、本まぐろ刺身等、闇雲なアレンジを避けた、シンプルな王道メニューも充実だ。巷では俄かセットの酒とつまみをまとった「昭和への回顧主義」が横行し、老舗をも席捲するかの勢いだが、ブームは所詮一過性。歴史がそれを証明してくれるだろう。（藤原）

(上)席に座ると順に出される日替わりの1汁4菜。上の写真はある日の4菜。(左)カウンターの奥には白鷹の四斗樽が鎮座する。

伊勢藤《いせとう》

囲炉裏を囲んだ静かな空間

「このお店は、本当に景色が良くて好きなのよ」

カウンター席で、たまたま私の隣になったご婦人がそう話してくれます。目の前には囲炉裏が切られ、その先の開け放した障子戸越しに、座敷でお酒を楽しむ人たちの風情を眺めることができる。天井には大きな梁が通っていて、冷房もない。まさに昭和の日本をじっくりと楽しむことができる酒亭です。昭和十二年の創業当時から、飲み物は灘の「白鷹」一本槍。ビールもなければ、焼酎もありません。古い建物は残念ながら戦争で焼けてしまい、現在の建物は昭和二十三年築のもの。今年でちょうど六〇年となります。お祖父さんが始めた店を継ぐのは、三代目となる若亭主。お父さんの代から手伝い始めて、はや二〇年になるのだそうで、営業時間中ずっと囲炉裏の前に作務衣姿で正座して、ずっしりと重厚な錫製のチロリで丁寧に燗をつけてくれます。

伊勢藤《いせとう》

☎ 03-3260-6363

MAP P154 ジャンル 老舗

㊟新宿区神楽坂4-2 ㊕東京メトロ飯田橋駅 B3出口から徒歩5分 ㊣17:00～21:30 ㊡土曜、日曜、祝日 ㊢約24席

B3出口を出て右へ約100m進む。神楽坂を上り三菱東京UFJ銀行を越えた角を右へ、約10m先の右手。

MENU

名物 白鷹の樽酒(燗)と店の雰囲気

白鷹(1合)	525円
日替わりのお通し＋味噌汁	1575円
豆腐	420円
味噌田楽	420円
丸干し	420円
イナゴ	420円

ひとこと

エアコンなし、ビールなし、静かにお酒を愉しむ空間。

備考・その他

お静かに。店内禁煙。

(上右)囲炉裏の燗付け器。(上左)裏庭も風情たっぷり。(下)昭和23年築の店内。

「最初の頃は二〇分くらいしか正座できなかったんですよ。」

と笑う若亭主は、店の定休日には、他の居酒屋にも日本酒を飲みに行くほどの熱心さで七〇年以上続くこの店を支えます。

席に座ると、順に出される一汁四菜。三本目をおかわりするときから、つまみが一品ずつ追加されていき、五本目で堅豆が、六本目で梅干しが出されます。ただし何本まで出してくれるかは、その人の酔い方次第。酔っぱらいはお断り、また周りの迷惑になる大声も、この店ではご法度なのです。(浜田)

いつも立ち飲み客でにぎわう店内。毎日、厳選された地酒を飲むことができる。

鈴傳《すずでん》

江戸時代から続く老舗酒屋

江戸時代末期（嘉永三年）に酒屋として創業した「鈴傳」が、店内での立ち飲みをはじめたのは昭和二十四年と言いますから、酒屋としては一六〇年近く、立ち飲み屋としても六〇年近い歴史を持った老舗で、東京の居酒屋を語るときに避けて通れない名店のひとつです。古くから日本酒に力を入れていることでも知られており、酒屋の地下には、日本酒の種類によってそれぞれ別の温度に保たれた三つの保冷室が設けられているほど。酒屋に隣接された立ち飲みコーナーでは、それらのお酒を味わうことができるのです。

店の外観は、いかにも普通の酒屋さん。本当にここで飲めるの、って感じなのですが、その酒屋の左端にある小さな扉を抜けて、店の奥へと続く細い通路を進んでいくと、急に視界が開けてグループ客でも入れるほどの立ち飲みテーブルまで備えた立ち飲みコーナーが現れるのです。右手の立ち飲みカウンターの一番手

1番口を出て道なりに進み、新宿通りに出たら左へ。四谷見附の交差点を過ぎ、最初の角を左へ。約20m先の右手。

鈴傳《すずでん》

☎ 03-3351-1777

MAP P154 ジャンル 立ち飲み

㊟ 新宿区四谷1-10　㊕ JR四ツ谷駅から徒歩5分　㊔ 17:00～21:00　㊡ 土曜、日曜、祝日　㊢ 約40席

MENU

名物 地酒

千歳鶴（1合）	350円
日高見（1合）	450円
菊姫にごり（1合）	500円
出羽桜 吟醸（1合）	600円
ビンビール（大／アサヒ）	480円
もつ煮	350円
にしん煮	350円
おから	350円
冷やっこ	350円
ポテトサラダ	350円

ひとこと

地酒を気軽に味わうことができる立ち飲み屋。

備考・その他

お1人様でも、団体様でも、お好きなお酒をお好きなようにお楽しみください。

（上）日本酒に合う料理の数々。（下）地下の保冷室には全国の地酒がずらり。

前が酒や肴の注文場所兼支払い場所。すぐ横の壁に張り出された十数種類の地酒から好みのお酒と、カウンター上のケースに並んだ料理を選んで、それと引き換えに支払いを済ませます。そのお酒と料理のお皿を持って、空いている場所に移動して立ち飲むのです。書き出される地酒の銘柄は、そのときによって違うので、色々と新しい味が楽しめるのもいいところ。燗酒がいいときは、カウンターの中の燗づけ器でさっと燗をつけて出してくれます。

おいしいお酒を飲んで、刺身や煮物をつっついて、二千円もあれば十分なのが嬉しいですねぇ。（浜田）

名物の串焼きは種類も豊富。
（左）店の形に合わせて伸びるカウンター席。

やきとりばんばん

やきとり番番

新宿歌舞伎町の地下に大衆酒場あり

若者たちでごった返す新宿歌舞伎町。そんな都会のビルの地下に、そこだけすっぽりと、いかにも大衆酒場という空間が現れます。日本酒（美少年）は三五〇円、焼酎（いいちこ、白波、二階堂、雲海、紅乙女など）、酎ハイは、それぞれ一杯が二五〇円だし、さらには焼き鳥もとり焼き四種、もつ焼き七種、野菜焼き四種がすべて一本一〇〇円で、一本から注文できるというんだから驚きです。

店は靖国通りから、さくら通りに入った左側、ビルの地下にあり、地下へと向かう階段の天井全面に「やきとり」「番番」「地酒」という文字が並んでいます。階段を降りて赤ちょうちんのある入口を入ると、そこは左右に伸びるカウンターのちょうど中央部。そのあたりだけカウンターが切れていて、店の人が出入りできるようになっています。左右に伸びたカウンターは、それぞれ店の形状に合わせて回り込みながら店の奥へ

東口を出て新宿通りを渡り、みずほ銀行と三井住友銀行の間の道を靖国通りへ。交差点を渡り、さくら通りに入って約10mの左手ビルの地下。

やきとり番番《やきとりばんばん》

✆ 03-3200-9354

MAP P155　ジャンル 焼き鳥

㊟ 新宿区歌舞伎1-16-12　梅谷ビルB1階　㊫ JR 新宿駅から徒歩5分　㊪ 17:00～23:40（L.O.23:10）　㊡ 元日～1月3日、大晦日　㊢ 38席

MENU

名物 串焼き各種

美少年（1合）	350円
いいちこ（1杯）	250円
酎ハイ	250円
生ビール（大／サントリー）	500円
ビンビール（大／サントリー、キリンクラシック）	500円
もつ焼き各種、とり焼き各種、野菜焼き各種1本	100円
笹身梅肉1本	250円
もつ煮込み	350円
ガツ冷盤	400円
番番やっこ	350円

ひとこと

歌舞伎町の地下にある。美味くて激安の名店。

備考・その他

毎日飲みに来ても大丈夫な値段設定。お客さんの約8割が常連だが、初めてのお客さんも居心地よく飲める店。1年のうち361日営業している。

（上）焼き台はいつもフル回転。（中）手羽焼き。（下）もつ煮込み。

と続きます。細い木を何枚か組み合わせて造られたカウンターもいいですね。店内はこのカウンター席のみ四十席ほど。この空間を法被姿の店主以下、男性四人で切り盛りします。

客層は老若男女。若いカップルあり、真剣に議論中のサラリーマンふたり連れあり、ボォーッと中空をにらみながら、ときどき思い出したように酎ハイをすすっているおじさんありと、まさに正しき大衆酒場の光景です。しかもこのお店、年末年始以外は無休で営業していますので、日曜でも祝日でも、新宿に出たついでに、いつでもふらりと立ち寄れるのも、またいいところなのです。（浜田）

（上）鯨料理と浦霞の特選金ラベル。

樽一《たるいち》

クジラ料理と浦霞が旨い！
居酒屋好き必訪のお店歌舞伎町にあり

この樽一は、新宿界隈では非常に有名な居酒屋なので、一度ないしは二度訪れた諸兄は多いと思う。私にこの店の良さを教えてくれたのは、「居酒屋の達人」という人だ。彼は、有料グルメガイドサイトの先駆け的存在で、首都圏の居酒屋から僅かな広告料を徴収して、首都圏の優良居酒屋をPRしていたのだ。

彼の居酒屋サイトの最初のオフ会がこの店だった。その頃は、まだ五十店程度の居酒屋しか紹介されていなかったが、「通の居酒屋紹介」という触れ込みに惹かれて、会社の飲み会の会場探しに利用するようになっていたのだ。

樽一は繁盛店なので、予約なしで行ったら入れないことがある店だが、さすが「居酒屋の達人」はこの店の主人と顔なじみらしく、即座に奥の座敷を用意してくれた。料理も酒の注文も全て彼に任せ、暫くすると鯨料理と浦霞の特選金ラベルが出てきた。香りが控え

東口を出て新宿通りを渡り、アルタを右手に見ながらまっすぐ進み、靖国通りへ。交差点を渡り、センター通りに入って約20m先の左。

樽一《たるいち》

☎ 03-3208-9772

MAP P155　ジャンル 老舗

㊟ 新宿区歌舞伎町1-17-12 第1浅川ビル5F　㊫ JR新宿駅から徒歩5分
㊖ 17:00～23:00 (L.O.22:00)　㊡ 日曜、祝日　㊢ 約100席

MENU

名物 鯨料理

浦霞 原酒金ラベル 樽一特選（1合）	680円
浦霞 エクストラ大吟醸（小とっくり）	1680円
開運 大吟醸（小とっくり）	1570円
香露 大吟醸（小とっくり）	1780円
達磨正宗古酒 5年（1杯）	840円
鯨お造り 各種	600円～1500円
鯨寿司（2カン）	840円
笹かまぼこ（2本）	740円
鯨脳味噌ポン酢	790円
おぼろ豆腐	530円

ひとこと

鯨料理が名物だが、それ以外の魚料理も新鮮で美味しい。

備考・その他

時間帯によっては入店できない場合もあるので、予約した方が確実。

（左）鯨寿司。（下）いつ来ても迷うほど種類の多い料理。

目だがキレとコクのバランスがなんとも言えない美味い酒だ！ 鯨の刺身を食べながらの浦霞は、本当に相性がぴったりと断言しよう。我々メンバーが、美味い美味いと絶賛すると、「居酒屋の達人」は誇らしげにこの店に来たら、鯨料理と特選の浦霞を賞味しないとダメだと自慢していたのを昨日のことのように憶えている。以来、この店で宴会をやる際には、特選浦霞を飲みながら、鯨料理を食べるのが当り前のようになっていった。

その後、「居酒屋の達人」はガンのため僅か五十一歳の若さで亡くなってしまったが、この店に来るたびに、私は彼と知り合って本当に良かったとしみじみ思っている。（石原）

（上）日本酒との相性がぴったりのハタハタ唐揚げ。

よしもと

吉本

新宿に日本酒ファンの聖地を発見！

吉本は新宿西口の雑居ビルの三階にあり、決して立地の良い店ではないが、店内には既に先客が八割がた入っていて、なかなかの盛況である。訪問の日は予め友人が席を予約してあったので、奥の掘り炬燵式の席に案内された。店の真中に入り口があり、右側がカウンター席と地酒の保冷庫で、左側がテーブル席と座敷席になっている。奥の座敷席だと十名程度の宴会も充分可能だと思える。

まずはメンバーとビールで乾杯した後、料理は今夜の幹事にお任せで注文して貰ったが、青大豆豆腐、夏野菜の冷やし煮、馬刺と出てきたがどれも実に美味しく、高レベルの料理を出してくれる。特に気に入ったのが、穴子の天麩羅に茶塩を軽くまぶしたやつだ。白締油でさらっと揚げた天麩羅を汁につけて食べるのではなくて、お茶の粉と塩を混ぜたものを天麩羅にお好みで軽くまぶして食べるのだが、これがお酒に抜群の

よしもと
吉本
☎ 03-3348-9658

MAP P155 ジャンル 銘酒居酒屋

住 新宿区西新宿1-13-3 西新ビル3F
駅 JR新宿駅から徒歩5分 営 17:00～23:00（L.O.22:30） 休 土曜、日曜、祝日 席 約50席

西口を出て左へ。明治安田生命ビルとカメラ店の間の通りに入り約70m進む。郵便局の前まで来たら左へ曲り、約40m。

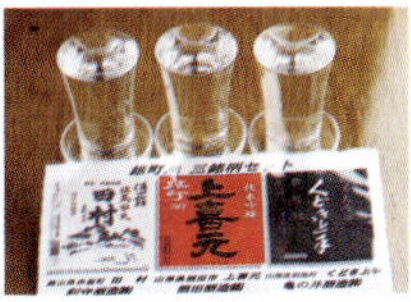

（左）地酒が美味く飲めるアテが数多く揃っている。（下左上）馬刺し。（下左下）オススメの地酒の利き酒セット。（右下）落ち着いた店内。

相性だ！　地酒自慢の店ということもあり、かなりの種類の地酒が揃っているが、この穴子の天麩羅をアテに飲む日本酒が最高だ。それにお酒の出し方も心憎い。例えば、お薦め利き酒セットと称した三銘柄の利き酒セットが十種類ほどあって、それが値段的にもお得なセットとなる。八八〇～一一〇〇円程度の値段で、利き酒グラスにたっぷりとお酒を注いだ状態で出してくれる。単品でも一杯七〇〇円位から飲ませてくれるが、少しずつたくさんの種類を飲みたい人には、この利き酒セットが大変お得だと思う。その上、季節のお薦めセットや店主お薦め（純米大吟醸や大吟醸）の入った三銘柄を飲み比べることが可能なセットもあって、地酒好きには堪えられない。（石原）

MENU

名物 地酒

喜久水 翠峰 純米大吟醸（1合）	1995円
獺祭 磨き三割九分 純米大吟醸（1合）	990円
龍力 純米吟醸（1合）	770円
浦霞 辛口純米（1合）	660円
南信州ビール ゴールデンエール（小）	550円
旬の刺身各種	時価
馬刺し	1995円
ハタハタ唐揚げ	880円
蜂の子	660円
自家製イカの塩辛	770円

ひとこと

日本酒好きにはたまらない地酒自慢のお店。

備考・その他

日本酒という日本の文化を、故郷のお酒と故郷の肴を、楽しみたい。

（上）飲み客と食事客とでいつもにぎわう店内。カウンター上のガラスケースにはサラダなどがずらりと並んでいる。

つるかめ食堂《つるかめしょくどう》

バカでアホでフラメンキンな 思い出横丁の大衆食堂

バカでアホでフラメンキン、バカコンポジャ。なんじゃそれはと思うでしょうが、これらは、この店の品書きの一部で、それぞれ牛肉のガーリック味天ぷら、牛スジをササミで挟んだフライのこと。けっしてふざけているわけではなくて、たとえばバカはスペイン語で牛肉のことを、アホはガーリック（にんにく）のことを指すというように、いたって真面目に付けられた名前なのです。

　ここはJR新宿駅西口にあって、闇市の名残を感じさせる「思い出横丁」の中にある大衆食堂。朝から深夜まで休まず営業しているこの店は、大勢の人が集まる新宿らしく、どの時間帯も老若男女でにぎわっています。食堂ながら、いつ入っても、飲んでいる人が多いのは、下は一〇〇円から高くても五〇〇円ほどで七十種類以上そろった料理ゆえ。刺身、天ぷらはもとより、焼き魚や炒め物、玉子料理にサラダ類、さらに

つるかめ食堂《つるかめしょくどう》

☎ 03-3343-4078

MAP P155 ジャンル 大衆

㊟ 新宿区西新宿1-2-7　駅 JR新宿駅から徒歩2分　営 11:15～23:00（L.O. 22:15）　休 水曜　席 20席

西口を出て右へ。さくらやすぐそば、思い出横丁内。「バカはうまいよ／つるかめ食堂」の垂れ幕が目印。

MENU

名物 ソイ丼

ビンビール（大、サッポロ）	600円
京舞妓（グラス）	600円
奥の松（グラス）	600円
ウーロンハイ（中ジョッキ）	350円
黒霧島（グラス）	450円
サラダ（トマト、ポテト、マカロニ、ハムサラダの四種）	250円
自家製メンチ	250円
大豆の酢の物	150円
牛すじ	300円
元気丼、ソイ丼	500円

ひとこと

新宿・大衆食堂だが、飲みに来るお客さんも多い。

備考・その他

カウンター席で隣り合わせになったお客さん同士が仲良くなることが多いとか。

（上左）名物・ソイ丼。（上右）ナマズ天ぷら。（下）バカコンポジャは、牛スジをササミで挟んだフライ。

は冒頭で紹介したようなオリジナル一品料理まで、実に呑ん兵衛好みする品々が迎えてくれるのです。

ここに来るたびに、いつも注文するのがソイの頭。この店の名物・ソイ丼の上にのる具（大豆とひき肉のカレー煮にハムを添えたもの）だけをつまみとして出してくれる、まるで蕎麦屋の「抜き」（具入りのそばから、そばを抜いたもの）のようなつまみなのです。「思い出横丁」もすっかり観光地化していて、一般的な大衆酒場よりは高めの価格設定のお店も多いのですが、ここ「つるかめ」は、非常に良心的な価格設定で、安心して楽しめるお店のひとつです。（浜田）

串煮込みは汁に浸るという性質上、本体はややしんなりとなる。しかも冷め易いので、ファーストオーダーでは欲張らず、頃合計って都度注文するのがベストである。

小林《こばやし》

大鍋が演出する、もうひとつのモツの楽しみ方

小林は戦後混乱期を創業とする老舗酒場だ。今のご主人は二代目となる。「昔は多かった」という串刺しのモツを、大鍋で煮込んで供する古き良き伝統を守る店である。ちなみにこのスタイルを堅持するのは、今や都内でも数軒という貴重さだ。

飲み手を魅了する鍋の中身は、「ハチの巣、ガツ、フワ、小腸、オビ」とバリエーション豊富。座ると「どうしますか、自分で取りますか?」と聞いてくれる。つまりセレクトは店任せも良し、好きな部位を選ぶも良しなのだ(ただし自分で選ぶとなると、必然大鍋の前に陣取る必要がある)。

串刺ししたモツを鍋で煮ることで、本来の力強い肉質は一変、ソフトでふわふわの食感となる。火力で炙る調理法に慣れ親しんだ舌にはなんとも新鮮だ。所謂ガツンと食欲を満たす感覚こそ薄れるが、反面するすると食べ続けられ、つまみには最適なのだ。

荒川線脇の踏切を渡り、左手のミスタードーナツ脇の路地を入る。2本目を右折してすぐ。

小林《こばやし》

☎ 03-3892-5447

MAP P156 ジャンル 老舗

㊟ 荒川区町屋2-8-16 ㊫ 都営荒川線町屋駅から2分 ㊮ 17:15～24:00 ㊡ 日曜、祝日、第1、3土曜 ㊪ 約15席

MENU

名物 **串煮込み**

日本酒	370円
ビンビール（大／アサヒ）	650円
ウィスキー	400円
酎ハイ	350円
レモンハイ	400円
もつ焼（1皿5本）	450円
串煮込み（1皿5本）	400円
煮玉子	90円
つけ麺	580円
おしんこ	270円

ひとこと

都内でも数少ない、串煮込みを供する老舗。締めのつけ麺もお忘れなく。

備考・その他

特になし。

鍋の前は特等席。常連になると長箸で勝手に取る事も可能なのだ。スタンダードなもつ焼きも、タン、ハツ、シロ、カシラ、レバと充実。

もう一つ忘れてならないのが、鍋に潜む卵の存在。味が染みて旨い。別注文になるが是非追加したい（初めての訪問時は鍋が遠く、つい見落とした苦い経験がある）。

ところでモツを堪能したからと、あわてて席を立つのは禁モツだ（笑）。仕上げは常連の要望で作り始めたという「つけ麺」を食すのが、ここでのスタンダードスタイルだからだ。麺はコシ強い細ちぢれ麺という本格派で、茹で上げ後はしっかり水で晒すというつけ麺界の掟にも忠実なのだ。醤油ダレを添え息を吹き返した煮汁（つけ汁）は、サッパリ上品な味で正しく別腹。先ほどまでの満腹感がウソのように完食可能である。（藤原）

浅草の象徴雷門からは少々歩くが、アプローチ途中の商店街は散策には快適で、距離感味わう事無く到着出来る。

正ちゃん《しょうちゃん》

ホッピーと牛煮込みで、露天飲みの楽しさを実感

浅草伝法院通りに位置する、創業半世紀を誇る老舗である。猥雑で混沌としたこの通りは、どこか観光客を手ぐすね引いて待ち受けるような空気を感じるが、正ちゃんは地元の親父連集う正統な店なのだ。界隈には似た造りの店が軒を連ねるので、混乱せぬよう特徴述べると、通りに沿って堂々会議机を展開し、陽射し避けにと林立する派手な配色（オレンジと黄）のパラソルを目印としてほしい。因みに悪天候の時はどうするのか？　心配は御無用。あらゆる天災地変に対処すべく、エントランス裏手には室内スペースが確保され、しっかりコの字型カウンターが備えられているからだ（考えようによっては、こちらが正しい店の姿ともいえる）。

　頼むメニューは毎度煮込みと白滝煮の繰り返しの為、漠然とした記憶しか持ち合わせていない。そこで改めてお目通りを願った。牛煮込み・牛めし・牛うどん・

雷門前、浅草通りを上野方面へ。浅草一丁目交差点を右折し、突き当たりを左折。すぐの四叉路の一番右手を進み、ウィンズ手前の路地を右折するとすぐ。

正ちゃん《しょうちゃん》

☎ 03-3841-3673

MAP P153　ジャンル 大衆

㊟ 台東区浅草2-7-13　駅 東京メトロ浅草駅から8分　営 水曜～金曜 昼過ぎ～23:00頃まで　土日祝8:00～23:00頃まで　休 月曜、火曜（祝日は営業）　席 約25席

MENU

名物 牛煮込み

焼酎各種	250円～
生ビール（中／サッポロ）	550円
ホッピーセット	（白450円／黒500円）
浅草無双（1合）	300円
藤村のにごり酒（1合）	300円
牛煮込	450円
肉ジャガ	400円
牛めし	500円
煮魚	600円
大根煮	400円

ひとこと

伝法院通りの雄。煮込みのうまさは天下一品。

備考・その他

土、日、祝はなるべく先払いで。

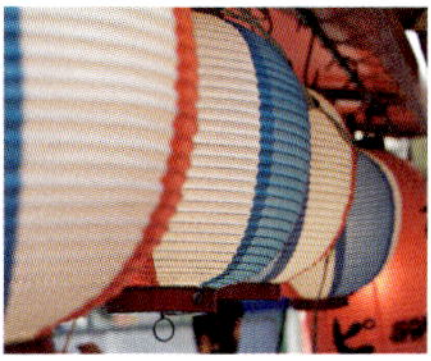

現在は牛スジ煮込み一本だが、過去豚モツを使った煮込み（10年前）も提供していた。しかし天秤は難しく牛一本にこだわるようになったという。ちなみに界隈には、「正ちゃんの煮込みを食べて研究した」店もあるそうな。

肉じゃが・大根煮・ぜんまい・白滝煮……（けっして文字数を稼ぐ為に列挙したのではないと強調しておく）。素朴だが、玉石混交いたずらに品数揃えた店より遥かに優れた陣容だ。裏を返せばこうしたメニューに専念し、半世紀を過ごして来たのだから個々の実力の程を窺い知れよう。元祖を名乗る牛煮込みは、小さめな小皿で供される。中身は牛筋に豆腐入り。酒のつみまで食べると文句無しに旨いが、ここではガズ炊飯器で炊き上げた、ほくほくの白米で牛めしとしたり、うどんにかけたりと、食事代わりの利用も多い。

休日の昼下がり、パラソル越しに人々の往来を眺めつつ、ホッピー片手に寛げば、暫し人生の勝者気分に浸れるだろう。（藤原）

メンチカツは数量限定（通常10個ほど。予約があれば多少は増えるとか）。後で食べようとのんびり構えていると、売り切れになるので気をつけたい。

わくい亭《わくいてい》

至福のメニューが勢揃い
アレンジ料理に定評あり

本所界隈でピカリと輝くお店だ。凛とした構えが異彩を放つせいか、外見は高級路線とも受け取れるが、中は意外やフレンドリー。決して敷居は高くない。

開店時間を待たずして、店の前にはちらほら人が集まりだした。皆考えている事は同じだろう。待ち焦がれているのは日替わりメニュー。壁に掲げられた黒板の文字がガンガン消されて行くのを知っているのだ。

飲み手を魅了するメニューとはこれだ！　あわび煮貝、あさり醤油炒、タン醤油漬、ナス浸し、たらこ西京焼……。独創的な品もあれば、素材勝負の品もあり。眺めているだけで、妙にテンション上がるから困りもの。もう一つチェックすべきが、カウンター上の大皿料理。筍・そら豆など季節感を演出したものが、いつでもスタンバイOKの状態で待ち受けるのだ。

さて、と「怒涛の注文ラッシュ！」の衝動に駆られるが、実は避けられない品がその思いを阻む。それは

A1出口から出て、三ツ目通りを約300m進む。春日通りとの交差点で右へ曲ってすぐ。

わくい亭《わくいてい》

✆ 03-3829-3751

MAP P150　ジャンル 大衆

(住) 墨田区本所3-22-12　(駅) 都営線本所吾妻橋駅から徒歩5分　(営) 17:30～22:00　(休) 日曜、祝日　(席) 約50席

MENU

名物 メンチカツ

千代の光（1杯）	500円
久保田 千寿（1杯）	600円
ビンビール（大／アサヒ、サッポロ）	600円
生ビール（中／アサヒプレミアム）	600円
焼酎（1杯／湯割、水割り、チューハイ）	350円
メンチカツ	600円
鶏のオーブン焼き	1500円
アナゴの一夜干し	650円
花ワサビ	450円
塩ラッキョ	350円

ひとこと

店主自ら料理レシピ本を出すほど、アレンジ料理には定評アリ。

備考・その他

料理だけでお酒を飲まない方、お子様連れの方はお断り。

収容は1階が厨房を囲むカウンターに、テーブル席が5つと小上がり。2階には20人収容可能な座敷も用意される。

破天荒な旨さを誇るメンチカツの存在だ。

　デカイ！　こいつを一人で制覇するのは辛い（この手の辛さならいくらでも受けたい）！　巨大さに怯みつつも、ザクッと衣を突き破れば、忽ちジューシィーな肉汁が溢れ出る。揚げ具合も安定度抜群で、常にベストコンディションで供されるのだ。ここで重要なのが（重要な事がこういう事ばかりであってほしい）、メンチをさばく際、キャベツを下に潜り込ませる事。肉汁を染み込ませるのが目的で、しんなりしたキャベツは、これまた格別のご馳走と化す。

　だがこの十分主役を張れる一品とて、ここではサイドメニューという位置付けなのだから驚愕。店の実力、後は推して知るべし……。（藤原）

徳多和良《とくだわら》

割烹料理を高レベル・超格安で食べることが出来る！

北千住は、居酒屋の名店がひしめく激戦区のエリアだが、「割烹くずし徳多和良」は何と割烹料理店の味を一品たった三〇〇〜五〇〇円程度で楽しめる超格安・高レベルの立ち飲み居酒屋として、今や北千住を代表する店として知られている。

店主は都内の高級割烹料理店で板前をつとめた後、高級割烹料理を庶民的な値段で提供したいと駅から少し離れた裏通りの地でひっそりとこの店を始めた。店内は口コミで評判を聞いたお客さんがひっきりなしにやって来るので常時満杯の状態だ。それに一度訪れたお客さんは、ほぼ一〇〇%リピートするので、常連客の輪がどんどん拡がっている。

店内は決して広い訳ではないが、入り口の引き戸を開けて中に入ると、左側に厨房に対面したカウンター、右側にテーブルが配置されていて、カウンター席は六〜七名程度立ち飲むことが出来る。店主は一見客でも

笑顔が素敵な店主の中村さん。一度来店したお客さんの顔は絶対忘れないそうだ。

西口バス通りを北上、左手にある東京リカーランドを左折して約30m先。

徳多和良《とくだわら》

✆ 03-3870-7824

MAP P156 ジャンル 立ち飲み 割烹

㊟ 足立区千住2-12　駅 JR 北千住駅から徒歩5分　営 昼11:30～終了まで、夜17:00～21:30　㊡ 日曜、祝日、第2月曜　席 定員約20人

いつも笑いが絶えない店内。店主の人柄と料理の腕を信奉するお客さんでいつも満杯だ。

MENU

名物 割烹料理

本菊泉各種（1合）	315円～
生ビール（エビス）	315円
サワー各種	315円
黒千代香	735円
その他芋焼酎	315円
季節のお刺身	315円
季節の焼き物	315円
季節の煮物	315円
季節の天ぷら	315円
その他各種	315円～

ひとこと

割烹立ち飲みの名店。 毎日通う常連も多い。

備考・その他

予約はできない。酔っぱらいは禁止。

気軽に声を掛けてくれるので、どの料理から食べて良いのか分からない場合でも、安心して相談出来る雰囲気が嬉しい。リピート率が一〇〇％なのは、そんなところにもよるのかもしれない。

このお店のメニューは、毎朝店主が千住市場で仕入れる新鮮な魚介類と野菜類を見ながら料理を考えていくそうだ。例えば、夏なら旬のもので岩牡蠣やワタリ蟹、鮎や鱸が出てくることがあるが、店主の目利きで、一番美味しそうな食材で値段が手軽なものを仕入れているとのこと。あと、ランチタイムの定食がこの店の名物だ。僅か六〇〇円で旬の魚の刺身や焼き魚、煮魚の定食を提供している。だから、昼も夜も来る人が結構いるのがこの店の凄さと言えるだろう。（石原）

千住の永見《せんじゅのながみ》

北千住の旗頭、無敵の存在感を示す

シンプルな食材を駆使した名物「千寿揚げ」。にんにく入りの香り立つ味わいも捨てがたい。両方チャレンジ！

永見は千住に拠を構え、まもなく半世紀を迎えようという老舗だ。その堂々たる容姿は、幾多の盛衰を見続けて来たに違いない。店は一階と二階を合わせキャパはざっと一〇〇名ほど。一階に配置された小さなカウンター以外は、テーブル席が連なる構造。よって「合席はイヤです」なんて女々しい事をぬかしていたら、閉店間際まで入り口で待つハメになるだろう。

この規模ながらホールを仕切るのは、思わず人生相談をしたくなるような乙女ばかり。少々心細く感じるかも知れないが、侮る無かれ！ 実は気配り上手でオーダーヒット率も抜群なのだ。壁に掲げられたメニューを眺めれば、いわし丸干し・ポテトサラダ・串カツ・キンピラ……。流行廃りに流されず、昔ながらのスタイルを守るのが永見流。それ故不思議なくらい安堵感が生まれてくるのだ。名物の「千寿揚げ」を食せば、洒落たアレンジがいかに無力かを思い知ろう。見た目

せんじゅのながみ
千住の永見

✆ 03-3888-7372

MAP P156　ジャンル 老舗

㊟ 足立区千住2-62　㊟ 東京メトロ北千住駅から徒歩2分　㊟ 平日15:30～22:30　土曜15:30～22:00　㊡ 日曜、祝日、第3土曜　㊟ 約120席

2番口を出て左へ。ハンバーガー店を過ぎて左へ曲ると、看板が見える。

MENU

名物 千寿揚げ

地酒蔵（300ml）	950円
一ノ蔵（1合）	580円
浦霞（1合）	580円
ビンビール（大／サッポロ）	520円
生ビール（中／サッポロ）	560円
千寿揚げ	470円
鶏軟骨つくね焼き（温泉玉子付）	470円
マグロのぶつ	470円
煮込み	500円
スタミナ納豆	530円

ひとこと

「居酒屋とはかくあるべし」の手本のような質実剛健な老舗。

備考・その他

予約は、18時までに来店の場合のみ可能。

気合を入れて臨むでもなく、古き良き時代を彷彿させる空間で、快い接客と粋なつまみでがっつり酒を楽しみたい。

はごくごく普通の薩摩揚げ風。だがオリジナルの軸たる玉ねぎの甘みと、手作りという温もりが名物の味をより一層引き立ててくれる。つくね焼きもしかり。つくねに軟骨のコリコリした食感を加え一工夫。その上をとろりと温泉玉子が覆い、熱々の鉄器に乗せられて運ばれてくる。タレの甘辛さと温泉卵の柔らかな味が、口の中で混ざり程良い味付けとなる。素朴な演出なれど、どれも感動覚える美味さで、思わず主たる酒を忘れてつまみに没頭してしまうのだ。気合を入れて臨むでもなく、古き良き時代を彷彿させる空間で、快い接客と粋なつまみでがっつり酒を楽しみたい。

　この店を一言でくるなら質実剛健、居酒屋はかくあるべしとの指針示す存在である。（藤原）

煮込みのバリエーションは、肉のみ、肉豆腐、豆腐ダブルの3種があるので、好みで注文すると良いだろう。

おおはし

大はし

宿場街には 名店の存在あり

宿場街通り（旧日光街道）に位置する「東京を代表する」居酒屋だ。

近年改装はしたものの、席の配列や清楚な装飾は往時のまま。イスや扉のディテールにも昔の面影感じられ、見事再生に成功したといっていい。中は大きなJ字型のカウンターと、壁沿いにテーブルが五つほど。

余裕で四十人は入れそうだ。

この規模ながら、ホールを担当するのは父と息子と謎のおじさん。スリリングな空間をリズミカルなテンポでスタスタと歩き回る姿は、店に漲る躍動感の象徴なのだ。ただしこの人数で賄う故、注文はタイミングを見計らい積極的にうって出る必要がある。紳士面して「何も伺いはまだかいな」などと気取っていると、いつまで経っても注文にありつけないだろう。

飲み物は旧き良きスタイルを堅持し、カクテルサワーの類は無い。日本酒は銘柄一つ（山形正宗）と素っ

おおはし
大はし

✆ 03-3881-6050

MAP P156 ジャンル 老舗

㊟ 足立区千住3-46 駅 JR北千住駅から徒歩5分 営 16:30～22:30 休 日曜、祝日 席 45席

M E N U

名物 **煮込み**

山形正宗（1合）	320円
キンミヤ焼酎梅割り（1杯）	250円
キンミヤ焼酎（ボトル）	1250円
生ビール（中／キリン）	450円
ビンビール（小／キリン）	400円
煮込み	320円
肉とうふ	320円
煮凝り	350円
カツオ刺身	550円
自家製カニコロッケ	480円

ひとこと

名物は東京3大煮込みと称される煮込みとキンミヤ焼酎。名店中の名店。

備考・その他

あまりにも酔っぱらっている場合には、お断りすることもある。

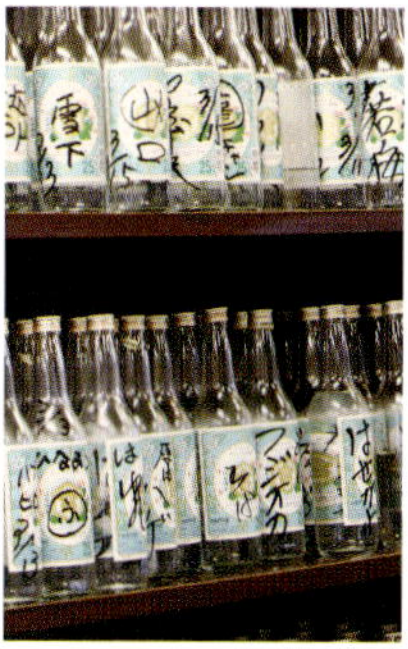

煮込み以外にも控えめな量とシンプルな盛り付けの、子持ちシャコ、カキバター、なまこ酢、カニコロッケ等の食材が揃う。

気ないし、ブームの本格焼酎などもっての外。

ここで主役を張るのは甲類焼酎キンミヤなのだ。客の多くはこれをボトルでオーダーする。後は氷と梅シロップで頂くも良し、炭酸を頼んで割るも良しとアレンジはお好み次第という訳だ。

もう一つお約束が、それは看板料理「牛煮込み」を頼む事。使う部位は牛スジとカシラだけと至ってシンプル。だがこの飴色に煮込まれた一品は無敵の旨さを誇り、常連の心を掴んで離さない。煮込みの鍋に浮かぶとろとろの豆腐の存在も忘れてはならない。何ともやさしい味わいで、肉汁もたっぷり堪能出来るのだ。テーブルにこの煮込み皿が何枚も重なる様子は、ここではもはやありふれた光景となっている。（藤原）

西口を出てまっすぐ進み、JTBの手前のエスカレーターを下りて右に曲り、1つ目の交差点を右に曲り約100m先の左手。

別々に供されるハイボールは店の名物。艶やかな手つきで、ヒョイと炭酸を反転させてグラスに突っ込む様は、女版トムクルーズ？

岩金酒場《いわきんさかば》

昭和を継承する、正統派大衆酒場

　店は昭和二十四年創業。地元に根付いた老舗の大衆酒場だ。曳舟川通りに向かって大書された、堂々たる看板は感動もの。消え行く昭和の残像が色濃く残る建物も、一見の価値アリといっていい。さぞかし中は伝統の重みに満ちた重厚な空間……と思いきや、扉を開けるとひょうきんな藤子ママを始めとする、女性スタッフ面々の明るい笑顔で迎えられ、いささか拍子抜け。が、これはこれで嬉しい誤算だ。

　カウンター越しに、手書きのメニューを眺める。ニラ玉、鮎塩焼き、穴子煮、きぬさや玉子とじ……。気張らない家庭的な料理あり、下町テイスト炸裂する品ありと首尾も上々。ここは外観からは想像出来ない美食空間と化しているのだ。

　この日は我が必食の一品、じゃがカレーから頂いた。頼んで一分で供される辺りが下町クオリティ（笑）。器にはじゃがいも、タマネギ、豚肉がごろごろころが

改札を出て、明治通を左へ。曳舟川通りを右折し、直進。ampmの先、左手。

岩金酒場《いわきんさかば》

03-3619-6398

MAP P157　ジャンル 大衆

㊟ 墨田区東向島6-13-10　㊔ 京成曳舟駅から5分　㊝ 17:30～23:30　㊡ 日曜、祝日　㊢ 1階24席　2階約30席（要予約）

MENU

名物 ハイボール

ハイボール……………………300円
ビンビール（大／キリン、アサヒ）……………………550円
レモンハイ……………………350円
グレープフルーツハイ………400円
トマトハイ……………………400円
餃子……………………400円
にら玉……………………400円
ポテトサラダ…………………350円
塩らっきょ……………………300円
竹の子煮……………………350円

ひとこと

地元に根付いた「昭和」を受け継ぐ老舗大衆酒場。

備考・その他

特になし。

手作り餃子にニラ玉。個性的な料理は無いが、どれも温かみが感じられるものばかりだ。

り迫力満点。手作り感に満ちた味とボリュームは感涙モノだ。続いてニラ玉。実はこのニラ玉こそ下町酒場の通が「店の実力を測る」上で、殊のほか重んじる一品なのだ。

が、流石は老舗、ソツがない。ふわっと柔らかな食感と絶妙な味付けで、基準を軽々クリアーだ。忘れてならないのが、あらゆるメニューの軸となるハイボールの存在だろう。琥珀色のエキス入り焼酎と炭酸が、最強のタッグを組む代物である。頼むと焼酎グラスと、炭酸のビンは別々に供される。当然ブレンド作業を伴う訳だが、ここは一つ自身の不器用を理由に彼女達に委ねてみよう。

驚愕の技を目撃することになるだろう。（藤原）

明治通りをテクテクと歩くとあらわれる、有名な「きらきら橘商店街」の向かいが三祐酒場だ。早めに到着し、散歩コースに加えたい。

三祐酒場《さんゆうさかば》　八広店《やひろてん》

元祖、本家、総本家、果てまた発祥の地か？

下町酒場を巡ったことがある方なら、「元祖ハイボール」の名をご存知だろう。誕生時期は諸説入り乱れるが、戦後混乱期の昭和二十年代。当時の焼酎は蒸留技術の未熟さから特有の癖があった為、それを補うべく考案された代物で、焼酎に秘伝の香料をブレンドし飲み易くした飲み物を指す。いわば甲類焼酎に琥珀色のエキスをブレンドしただけの、極めてプリミティヴな飲み物ながら、当時ハイカラだったウヰスキーハイボールの代用品として受け入れられ、不動の地位を得るに至ったのは、周知の事実だろう。その秘密のレシピを考案したとされるのが、系列の三祐酒場本店の「奥野木祐治」さん。つまりこの店は、ハイボール界に君臨する由緒正しき店なのだ。

つまみの方も、マンネリメニューにクサビを打ものばかり。まさに元祖ハイボールを生み出した、スピリッツを受け継いだといってよく、白菜ラザニア、特製

三祐酒場《さんゆうさかば》　八広店《やひろてん》

三祐酒場　八広店

✆ 03-3610-0793

MAP P157　ジャンル 大衆

㊟ 墨田区八広2-2-12　㊫ 京成曳舟駅から5分　㊪ 平日17:00～翌02:00 日曜17:00～23:00　㊡ 毎月1日、11日、21日、31日　㊛ 24席

駅を出て、目の前の明治通りを右へ曲がり直進。京島交差点を越えた左手。

MENU

名物 元祖焼酎ハイボール

元祖焼酎ハイボール	350円
生ビール（大／アサヒ）	750円
ジンロ（700cc）	2500円
日本酒各種	600円～1000円
焼酎各種	400円～680円
ゆでたん	550円
串カツ	480円
アスパラ肉巻き五香風味揚げ	550円
お祭り納豆	650円
火鍋（10月～3月限定）	980円

ひとこと

元祖を自認する焼酎ハイボールは、一飲の価値アリ。

備考・その他

泥酔お断り。マナーを守って。

ご主人は焼酎アドバイザーでもあるので、感涙ものの料理に合わせて、最適な指示をもらおう。

ロールキャベツ、お祭り納豆と、開発に余念が無い。中でもオリジナル料理「火鍋」は、ご主人自慢の創作料理。数種のスパイスと味噌が絶妙にマッチするタレに、野菜と新鮮モツを絡めていただく癖になる逸品。締めは予め湯通しされた韓国麺を、サッと「しゃぶしゃぶ風に」召し上がれ。何れの料理もガツンと骨太、盛り付けも迫力十分なので、二、三品も頼めば沸き立つ食欲も忽ち沈黙すること請け合いだろう。

最後に店の規模は、ご主人の目が届く範囲のこじんまりとしたもので、騒々しい宴会にはお勧め出来ない。じっくり料理に舌鼓を打ち、元祖ハイボールのノスタルジーに浸かるのが、ここでの正しいスタイルなのだ。

（藤原）

小島屋《こじまや》

脇役も ここでは主役です

京成堀切菖蒲園の改札から、徒歩二、三分とアクセス良好。だが表通りから一歩入った路地に佇む様は、さながら岩場に潜む貝の如く。やや気張って歩かないと、見過ごしてしまいそうだ。中は昭和の名残と下町らしさが同居する、ローカルムード満点の空間。入り組んだカウンターが店全体にびっしりと組み込まれ、一人酒派には最適な構造となっている。

出迎えてくれるのは、立て板に水という感の名物かーさんと、もの静かな親父さん。そして中庸路線を行く娘さんだ。つまみの方は健康を考慮したヘルシーメニューと、選りすぐった日替わり品の二本立て。どれも手作り感溢れるものだが、このノスタルジーな雰囲気に浸れば、シンプルな料理とてあれこれ過分な一品に勝るというもの。

下町酒場の定番料理ニラ玉も、抜かりなくしっかり美味だ。

閉店時間が早いので、酒場巡りの起点として選択肢に入れてほしい。

こじまや
小島屋
03-3601-1852

MAP P157 ジャンル 大衆

住 葛飾区堀切5-3-11 駅 京成堀切菖蒲園駅から徒歩2分 営 17:00～21:00 休 日曜、祝日 席 約25席

改札を出てすぐの通りを右へ。1本目の路地を右折し、すぐ左手。

MENU

名物 元祖ハイボール

元祖ハイボール	300円
ビンビール（大／キリン）	600円
菊正宗	350円
玉子2個	250円
にら玉	300円
さば焼	350円
いか焼	300円
季節のヌタ	250円

気取らない環境で、気取らないハイボールを頂く贅沢。

だがこの店に目標を定める最大の要因は、完成度の極まった元祖ハイボールといってよい。この昭和の歴史を語る飲料だけでリピート力を掻き立てる、神秘めいた飲み物なのだ。

キュートなグラスに注がれた、黄金の輝き放つ光景は感動モノ。しかもどんなつまみが相手でも、常にベストマッチという優れ物である。

酒場巡りの店選びはインパクトの強いモツ焼きや魚介類が主役、という構図が多かろうがここは極めて希なケース。元祖ハイボールという飲み物だけで候補に挙がり、かつ満足感が得られてしまうという、不思議な店となっているのだ。（藤原）

ひとこと

お勧めは「元祖ハイボール」。飲み物で通いたくなる店。

備考・その他

特になし。

四ツ木店は昭和26年創業。他に「ゑびす」の屋号を名乗る店が、金町、大島、向島、東和、鹿骨にある。それぞれの個性が競う、酒場巡りも面白い。

ゑびす《えびす》

大衆酒場はかくあるべし

店はマイロード商店街を立石方面へと歩く事十分ほど、葛飾郵便局のやや手前と、アクセスには恵まれていない。だがこの立地にして、店は連日の活況を呈す。不便なのに常連客が多い→常連客の多い店は評価が高い→故にゑびすは良い店だ。帰納的推理（？）でも、その実力を証明出来よう。

暖簾をくぐると目に入るのは、磨き上げられた檜カウンター。端から端まで優に二十人が一度に座れるという、堂々たる威容を誇る。そして圧巻なる光景が、ずらっと並ぶ純白のメニュー冊……。なにやら散漫な印象も受けるけど、よく見れば下町で鍛え上げられた正攻法の品ばかり。例えばコチ、ハゼといった江戸前ネタを使った天プラ。さくさくの仕上がりでボリュームも満点。熱々の天つゆだって、しっかり人数分が供される。かわはぎ刺身に至っては、三七〇円という価格にして肝付き。もつ焼きとて目立たぬが、これまた

駅を出て左へ、2車線の道路に出たら道なりに進む。信号のある交差点を右へ。約300m行くと左手に見える長いのれんが目印。

ゑびす《えびす》

☎ 03-3694-8024

MAP P156 ジャンル 大衆

㊟ 葛飾区四つ木1-32-9　駅 京成四つ木駅から徒歩7分　営 16:00～23:00　休 火曜　席 約40席

MENU

名物 豊富なメニュー

- 高清水（小）……300円
- 冷酒高清水（1合）……630円
- ビンビール（大／キリン、アサヒ）……530円
- 生ビール（小／キリン）……480円
- 焼酎ハイボール……270円
- ヤリイカ刺身……370円
- しめサバ……370円
- カツオ刺身……530円
- タンバター……250円
- 自家製サラダ……270円

ひとこと

街中に忽然と現れる下町大衆酒場の雄。ジャンルを問わないメニューが魅力。

備考・その他

食べ終わって皿が下げられた分はカウンターに白墨で印が付けられる。この印が伝票替り（右ページ下写真）。

カウンター1人酒が基本だが、奥には座敷も用意される。予約可能なので宴会には便利。

侮れず平均点を上回る逸品なのだ。こうした豊富なメニューのおかげで、訪問した日がどんなモードであろうとも、必ず満足の一品が見つかるという仕組である。

ところでこれだけあると、気になるのはバリエーション。「メニューは何種類あるのですか?」と聞けば、ホール担当の女性曰く「それがね、私もわからないのよ、常連さんが数えたら二〇〇はあるって……」と、なんとも驚きの返事が返ってきた。

そうそう最後に忘れてならないのが、カウンターにトマトジュースの缶が並ぶ不思議な光景。実はこれぞ常連の証。ハイボールとセットで頼み、好みでグラスに注ぐのだ。なんでも野菜不足を補い、味がまろやかになるらしく、近所の親父連には好評とか……。（藤原）

モツのオーダー方法は、塩（辛塩・薄塩ってのも可能）・タレ・素焼き・ミソ（煮こみのミソを使用）・ナマ（一部ボイル）からセレクト。

宇ち多《うちだ》

下町に絶品モツ店有り。午後二時から営業開始。有給取っても通いたい？

宇ち多゛は「立石」が世界に誇る大衆酒場だ。メニューはモツのみという潔さにもかかわらず、定員四十人ほどの店内は連日満席。口開けの午後二時には行列が始まり（この人達の職業覧には「酒呑み」と書いてあるに違いない）、以後閉店まで永遠続く順番待ちは、もはや日常的な風景なのだ。

暖簾をくぐるとそこは別世界。天井からぶら下がる裸電球が、木の温もり溢れる空間を柔らかく包み込む。そこを店員が焼酎のビンを抱えて巡回し、「シンキ、ハツモト、アブラ～」と、聞き慣れない日本語で客とやり取りする、なんともミステリアスな空間と化しているのだ。店には数々のルールがある。飲み物は生ビールやサワーの類は存在せず、あるのは瓶ビールに日本酒・ウィスキー・甲類焼酎と手堅い揃え。

主役はもちろん焼酎だ。破天荒にストレート！ と行きたいがそれでは余りに無粋。そこで梅かぶどうの

宇ち多゛《うちだ》

✆03-3697-5738

MAP P157　ジャンル もつ焼き

㊟葛飾区立石1-18-8 ㊡京成立石駅から徒歩1分 ㊢14:00〜20:00(19:30L.O) ㊡日曜、祝日 ㊝約40席

南口の駅前にある、立石仲見世商店街に入ってすぐ右手。

MENU

名物 もつ

ビンビール（大／キリンラガー）	540円
ビンビール（小／キリンラガー）	360円
焼酎	180円
梅割り	180円
清酒	280円
もつ焼き（2本）	180円
もつ刺し（2本）	180円
お新香	180円
煮込み	180円

ひとこと

午後2時から営業。オール180円の大ぶりもつと、煮込みが名物。

備考・その他

お酒は3杯から4杯くらいまで。他のお客さんの迷惑にならないように、食べて飲んだらさっと引きあげるべし。

ルール（ごく一部を紹介）。ウメ割りは4杯くらいまで、食べ終わった皿は重ねておく、串は捨てない、隣の店の前には並ばない。

シロップを足し、工夫を凝らしてして呑むのが宇ち多流だ。ただ見た目に違わず強いので、独りでサッと酔いたい時にはいいが、仲間と語らいながらとなると、確実にノックアウトを食らう！ と警告しておこう。

　続いてモツのルール。あ〜こいつの話は面倒だ（笑）。万全の下調べで臨むのもいいが、何度か通って空気を読み、常連のオーダー手腕を盗むなりして、自然と馴染むのもアプローチの一つだろう。過大なサービスは求むに及ばず、時に下手に出る必要もあるのだが、それさえクリアーすれば、抜群に旨いモツとハードな梅割りの、下町パンチの連打で祝福される事だろう。（藤原）

焼き物は「塩派」という方でも、ここでは創業時から継ぎ足された、サラサラ甘味なタレをお試しあれ。

ミツワ《みつわ》

立石仲見世商店街を賑わす モツの名店

立石といえば、モツ、モツ、モツ、モツ、モツの街。そんな激戦区で、一際名を馳せ人気を誇るのがミツワだ。

店が位置する昭和期の風情漂う商店街は、昼間は主婦連の買い物で賑わうが、夕暮れ時ともなれば一転、酒飲みの親父連で埋め尽くされる。

店の入り口付近には、焼き場を囲む小さなカウンターがあり、こちらは主に一人酒用。中のセピア色の空間には、テーブル席が五つと、どんづまりには「奥座敷」と呼ばれる小上がりが用意されている。それでもお客さんが収容しきれない場合は、店の外に放置されている通い箱にテーブルをセットし、俗称「離れ」と呼ばれる席を設けてもらえる。この一見哀愁感むき出しの空間は、実際に腰を下ろしてみると、商店街の屋根にも守られ意外なほど快適。「醍醐味を味わえる」と、むしろ指名するグループもいるほどなのだ。

お目当ての炭火で焼かれるモツは大ぶりで、こいつ

南口の駅前にある、立石仲見世商店街内。入って徒歩30秒。公衆トイレの手前。

ミツワ《みつわ》

☎ 03-3697-7276

MAP P157　ジャンル もつ焼き

㊟ 葛飾区立石1-18-5　駅 京成立石駅から徒歩1分　営 17:00～21:00　休 日曜　席 約50席

MENU

名物 **もつ焼き**

ビンビール（大／キリン）	520円
焼酎ハイボール	320円
白鹿（1合）	320円
ウーロンハイ	320円
生グレープフルーツ割り	450円
刺身盛り合わせ	500円
ねぎま（1串）	150円
豚串（1串）	90円
頭赤身（1串）	90円
ウナギ串焼き（1串）	300円

ひとこと

下町情緒あふれる仲見世商店街の店。大ぶりもつで宇ち多゛と仲見世商店街での人気を二分。

備考・その他

混雑時には、相席をお願いすることが多い。

その他見逃せないのが、壁のボードに掲げられた選べる刺身の三点盛り。こちらも売り切れ必至の人気メニューなので、早めの注文を心掛けたい。

はたいそう手強い代物。一皿二本ながらそのボリュームは強烈極まり、勢いで頼んでしまうと、ただでさえ狭いテーブルは瞬く間に皿・皿・皿で埋め尽くされる。

お勧めは「アカ」と呼ばれる、頭（カシラ）の正肉部分。他に定番ながら「シロ」も、他所とはまるで別物の品。香ばしい炭火の香りが加味され、もはや贅沢品の域に達しようとしている逸品だ。

実はこうした良好なコストパフォーマンスに加え、店は女性のみで切り盛りされるという特徴を持つ。つまり老舗にありがちな排他的要素はゼロという訳だ。

ハードルは思いの他低く、「下町の酒都」立石のエントリーとしては最高の選択肢となるだろう。（藤原）

閉店時間が21時30分と早く、どれも売り切れ必至。出遅れた場合は「あるものをミックスでお任せ」とオーダーすればスムーズ。

江戸っ子《えどっこ》

看板に偽りなし、ここぞ「立石の関所」

下町らしい賑わいを呈す立石商店街から、やや離れた位置の店。中は五十人が一度に座れるという、カウンターが主体。唯一四人掛けテーブルが店の端にあるが、基本的にはソロで訪れカウンターに着席するのが、正しいスタイルと思って頂きたい。

飲み物で圧倒的シェアを誇るのは、下町定番の「ハイボール」だろう。「とりあえずのビール」など頼もうものなら、それは「私は新参者です」と高らかに宣言していることに他ならない。

主力のモツは、専属の職人が焼く大ぶりサイズ。それぞれ塩、甘タレ、ニンニク辛タレと三種類の調理法から選ぶ事ができ、価格は四本で二八〇円！　この価格ながら他所よりも一回り大きいので、一人酒なら二皿も頼めばもう満腹。そこで当然組合せを狙うが、これが意外に難しい！　例えばカシラとシロはOKなのに、レバとだんごはNG。どうやら「焼き時間の調整

北口を出てすぐの商店街（徒歩30秒で到着）。ゲームセンター手前の路地を右折して、すぐ右手。

江戸っ子《えどっこ》

☎ 03-3694-9593

MAP P157　ジャンル もつ焼き

㊟ 葛飾区立石7-1-9　㊕ 京成立石駅から徒歩3分　㊖ 16:30～21:30　㊡ 日曜　㊛ 約50席

MENU

名物 **もつ焼き**

ハイボール	300円
ウーロンハイ	350円
デンキブラン（100cc）	320円
ビンビール（大／キリン）	600円
ビンビール（中／キリン）	500円
てっぽう（3串）	280円
煮込み	280円
モツ刺各種	280円
串焼き各種（4串）	280円～
奴	170円

ひとこと

立石の関所と自他共に認める名店。

備考・その他

読書は禁止。

夜がふければ店は会話もままならないほどの喧騒に包まれる。

上」というのが理由らしい。人気商品の煮込みは、とろける食感。汁も荒々しい雰囲気からは想像出来ない、信州白味噌を使った上品なテイストだ。この旨い出汁を残す手はない。豪快にすするのも一手だが、「ミミのみ」をオーダーしてそっと汁に浸したり、食べ切れなかったもつやダンゴを入れたりと、煮込みの魅力を余すことなく堪能したい。他にレバ刺し、ガツ刺しといったホルモン生系や、ふろふき大根、ゼンマイといった家庭的で温もり伝わる品が、一七〇円という価格から用意される。ただしこちらは、目立たぬホワイトボードに書かれているので見過ごさない様に。（藤原）

さくらい

さくらい

グルメタウン立石で異彩を放つ銘酒居酒屋ここにあり！

（上）日本酒好きには堪らない銘柄が充実している。

京成沿線一グルメな街立石にはもつ焼屋、おでん屋、串揚げ屋、餃子屋など毎日通いたい店が数多あるが、この店も数年前に行ってから、定期的に訪れるお気に入りの銘酒居酒屋だ。細長い店内は、入り口を入ると、左側がカウンター席、奥がテーブル席となっていて、大人数の場合二十人近くは収容可能だ。

この店の場合、いくつかお約束事がある。まず、最初に飲む日本酒は、お店の奨める銘柄を飲むこと。日替わりで、お奨めのお酒は変わるが、店主が奨める三種類のお酒から一つ選ぶ。ちなみに、この日私は磯自慢を選択した。この酒は私の郷里の酒だが、全国的な銘酒として知られている。二番目に徳利・グラスは、酒が変わっても数と手間のため取り替えてくれないので、気になる方は一緒に出されるチェーサーを使って洗い流すこと。最後のお約束事は、料理が出てくるのに多少時間が掛かるので、付き出しを食べながら、日

さくらい

さくらい

✆03-5610-7188

MAP P157 ジャンル 銘酒居酒屋

㊟葛飾区立石8-1-17 すみ家ビル1階 駅 京成立石駅から徒歩4分 営 18:00～22:30 ㊡日曜 席 19席

MENU

名物 **鳥豆腐カレー味**

磯自慢（1合）	700円
東一（1合）	700円
醸し人九平次（1合）	700円
遊穂（1合）	700円
花菱（1合）	700円
豆腐カナッペ	550円
厚揚げの野菜あんかけ	550円
鶏と野菜のカレー煮	550円
鳥ワサ	450円
串揚げ（4本）	550円～

ひとこと

日本酒との相性を考えて作っている気取らない料理が売りの銘酒居酒屋。

備考・その他

できれば3、4人以下で来店希望。あまり大勢で行くと対応できない場合も。
ウェブサイト
www.t-sakurai.com

改札を出たら右側の階段を下って、すぐ右へ。立石駅前通りのアーケードを進み、アーケードを抜けたら、左に曲り約150m進む。交差点を渡って2軒目。

（上）合鴨ときのこのスープ煮。（右）豆腐カナッペ。

本酒をのんびり飲みつつ、出来上がりを待つことだ。だから、五～六名の人数で予約無しでお店に行ったりしたら、料理が出てくるまで相当時間が掛かるので、グループで行くなら、必ず事前予約が良いだろう。

店主は真面目な性格な人なので、一品一品を丁寧に作って出してくれるが、どれも日本酒のアテに相応しく美味しいものばかりだ。だから、もし店主が忙しそうにしていたら、単刀直入に早く出来る料理を聞いて、それを頼むのも良いだろう。あと、ここだけの話だが、年に数回・月十四日は、十四代が各種飲める日なので、十四代ファンの方は、是非一度この日に訪問することをお薦めしておこう。（石原）

三平《さんぺい》

下町の名店は今宵も満席

こだわりのモツ焼きは、テイクアウトもＯＫ。じっくりしみこんだタレが旨い！

大衆酒場の雄として、小岩でその名を馳せる有名店だ。近年装いも新たに移転したが、往時の活況は変わらず。スタッフやメニューも何一つ欠けることなく、見事に再生果たした成功例といえる。

メニューは日替わりの刺身から、自家製コロッケに自家製餃子、はたまた洋食メニューのグラタンやオムレツ等、和洋中と織り交ざる洗練された品が並ぶ。

この日、先ずは季節のお惣菜「フキと筍」を注文してみた……。出来合いをホイと出せば済むハズじゃ？と待つ事暫し、その器を覗いて仰天だ。彩り鮮やかな菜の花・人参、更に厚揚げと鶏肉を加えて炊き合わせ、ひと手間加えた状態で供されたのだ（これを以って万事を知るべし）。

大衆酒場の必須アイテムであるモツ焼きも侮れないレベル。幾多の品に埋もれがちだが、実は専門店顔負けのクオリティを誇る。熱源は炭だし、肉付きも堂々

三平《さんぺい》

☎03-3658-2288

MAP P157　ジャンル 大衆

住 江戸川区西小岩5-18-10　駅 京成小岩駅から徒歩3分　営 17:00〜翌1:00 休 木曜、第3水曜　席 約60席

南口を出て、道なりに左に曲る。そのまま約100m進み、交差点を渡った右手。

MENU

名物 もつ焼き

富貴 上選（1合）	400円
生ビール（中／アサヒ）	550円
焼酎ハイボール	350円
生グレープフルーツハイ	400円
ワイン（ハーフボトル）	1000円
焼きトン 各種（1串）	90円
若鶏唐揚げ	1000円
刺身盛り合わせ	550円〜
チーズオムレツ	400円
ハスサラダ	350円

ひとこと

洗練されたつまみが人気でいつも混み合う大衆酒場の雄。

備考・その他

冬場にはフグ料理もある。金曜、土曜、日曜、祝日は入店できないこともあるので、平日をお薦めする。

1階にはカウンターとテーブル席・小上がりスペースが用意される。2階には予約可能な座敷があるので、宴会には重宝するだろう。

たるもので店の人気商品だ。飲み物に目をやれば、元祖ハイボールからワインと揃い、食べ物同様に守備範囲の広さが窺える。

　こんな飲み方はいかがだろう。ハイボールとモツ焼きで序盤を過ごし、中盤はワインとハンバーグを組み合わせ……こうした自在なアレンジも、ここでは不思議と違和感無いのだ。ところで終盤、誰かが頼んだ鶏の半身揚げが目に入った。シンプルに塩のみで調理されたその逸品。食べやすい様にとブツ切りされ、豪快にゴロゴロと盛られている。たまらずに追加オーダーしたが、これが衝撃の旨さ！　カラリとした皮やジューシーな肉で、満腹感をもろともせず完食出来た。なるほど連日の賑わいも納得である。（藤原）

さいき

「お帰りなさ〜い！」と迎えられて

昭和二十三年創業の「さいき」は、翌二十四年にこの地に店を建て、酒亭として愛され続けること六十年。恵比寿の街の進展とともに、周りの店が次々に新しくなっていく中で、古き良き恵比寿の雰囲気を今に伝えています。店内は左側にL字型のカウンター席、右手にテーブル席が二卓あるほか、二階にも座敷が二間用意されています。

　入口引き戸をガラリと開けて店内へ入ると、店のおねえさんから「お帰りなさ〜いっ！」と元気な声が掛かります。店に入ってきたお客さんを「お帰りなさい」と迎え、出るときには「いってらしゃい」と見送るのがこの店の流儀。「おかばん、お預かりしましょうか」と取りに来てくれます。こうやって何人かの若いおねえさんたちが、かいがいしく働いているのも「さいき」の大きな特長のひとつ。数年ごとに入れ替わっているようなのですが、いつもかわいらしくて、いい意味で

（上）カウンター内の定位置に座る店主の周りに常連さんたちが集う。（左）入口の暖簾。

さいき《さいき》

さいき

☎ 03-3461-3367

MAP P158 ジャンル 老舗

住 渋谷区恵比寿西1-7-12　駅 JR恵比寿駅から徒歩3分　営 17:00～22:30 L.O.　休 土曜、日曜、祝日　席 約20席

西口を出て右へ。横断歩道を渡ったら左へ曲り、約30m。右側の2店の銀行の間の道へ入って約50m進んだ右手。

MENU

名物 日本酒

賀茂泉（1合）	500円
一ノ蔵（1合）	500円
古秘水割り（1杯）	700円
吉四六（1杯）	500円
からり芋（ショット）	500円
海老しんじょ	850円
カニクリームコロッケ	700円
だし巻き	650円
串カツ	450円
おしんこ	450円

ひとこと

奇跡の居酒屋。長居無用の酒場の原点。

備考・その他

日替わりのお通し3品（1300円）が最初に出る。

（左）人気の海老しんじょ。（下左上）日替わりのお通し3品。（下左下）店の奥の看板には昭和初期の町名が並ぶ。（下右）談論風発の店内。

古風な（今風にキャピキャピしていない）女の子がいるのがすばらしいですねぇ。

常連さんたちは毎晩のようにここに集ってきて、まるでサロンのような雰囲気。通勤経路でもないのに、この店に来るためにわざわざ恵比寿に出てきている人も多いのです。そんな常連さんに人気があるのが、入口すぐ横の、L字カウンターの短辺あたり。店主のくにさんの手が空いているときは、カウンターの中、ちょうどこのあたりに座るので、自然とそのまわりに常連さんたちが集まってくるのでした。店内は満席ながら、大声や嬌声がないのも、この店らしいところ。大人の談論風発なのです。（浜田）

（上）自家製腸詰め。

藤八《とうはち》

口開けから閉店まで長居したくなる程心地良く酔える店

中目黒は東横線の線路沿いと山手通り沿いに大小様々な飲食店が立ち並ぶグルメタウンだ。当然お店の競争も激しく、三ヵ月程でダメなお店は淘汰される。藤八はこの激戦区で三十年近く営業を続けてきた老舗居酒屋だ。

雨が降る肌寒い日にお店に行ったら、何と店内は、老若男女で一杯だ！　一番端のカウンター席が辛うじて空いていたので、傘立てが気になるが、ここに座らせてもらう。

さて、まずはウーロンハイを飲みながら、何を頼むか考えるが、ここはやはり名物料理のゆぶしとはんぺんを頼んでみよう。ゆぶしとは柚子に味噌とかつおを詰めて蒸した後、乾燥させた食べ物で、これが日本酒と相性が抜群に良いのだ。見た目は、かつお節を削った様に見えるが、言われないと柚子とは分からないかもしれない。お次に登場したのは、はんぺんだ。口に

藤八《とうはち》

✆ 03-3710-8729

MAP P158 ジャンル 老舗

㊟ 目黒区上目黒1-3-16　㊙ 東急東横線中目黒駅から徒歩3分　㊫ 17:00〜23:00 L.O.　㊡ 日曜　㊞ 約80席

MENU

名物 **自家製はんぺん**

黒霧島（ボトル）	1890円
サワー（生レモン付）	420円
ウーロンハイ	320円
生ビール（小／サッポロ）	600円
ホッピー	420円
自家製腸詰め	420円
自家製はんぺん	420円
肉じゃがコロッケ	210円
イカのかき揚げ	420円
ゆぶし	430円

ひとこと

グルメタウン中目黒にあって1、2を争う人気居酒屋。

備考・その他

混み合っている時間帯には2時間程度で。お子様連れの場合はお断りする場合もある。

駅を出て山手通りを渡り、そのまま線路の右側をまっすぐ進む。橋を渡って2つ目の角。

名物の自家製はんぺん、そして〆サバも焼酎との相性がぴったり！

含むと、ねっとりした口当たりが他のはんぺんとの違いを感じさせてくれる。恐らく繋ぎに山芋を使っていると思うが、風味が絶品だ！

黒板を見て日本酒を熱燗で飲むことにしよう……ちなみにお酒もにごり酒、たる酒、純米酒など多数ある。あと焼酎派には、キンミヤ、芋焼酎のボトルキープも出来る。でも今夜は肌寒いので、熱燗を頼んだのが正解だった。雨で冷え切った体がどんどん暖かくなる。お次に頼んだサバの塩焼きも半身を焼いた状態で出されてきたが、この焼き加減がまた絶妙で美味しい！いや〜、満足の独り飲みの夜だね。また来ようっと！

（石原）

無類の日本酒好きの店主は新鮮で美味しい鳥料理にマッチした純米酒を日々追求している。

たちばな

立花

祐天寺の住宅街に癒し効果抜群のグルメ居酒屋を見つける！

あるテレビ番組に祐天寺の住宅街に美味しい鳥料理と日本酒を飲ませてくれるお店があると出ていた。それで、お店を探して歩いていけば、祐天寺の駅から五分程の所にひっそりとした佇まいのお店を発見。

中に入ると、左側に厨房と五人程座れるカウンター席があり、入口で靴を脱いで上がり、カウンター席に座らせて貰う。グループ客や大人数で宴会をやりたい場合には、お店の奥側が座敷になっていて、ちょっとした人数の宴会はこちらで出来る様になっている。

さて、まずは瓶ビールと名物料理の「鳥もつの刺身三品」をお願いした。これは先の番組にも出ていた料理だが、このお店の名物だ。レバーはぷりぷり、砂肝はしゃきしゃき、ササミはねっとりとしていて新鮮で味わい深いね。美味しいな！　鳥もつが新鮮なのは、店主が昼間は鳥屋さんを経営しているので、その日の一番美味しいところを夕方に居酒屋で出してくれるそ

北口を右に出て左へ。ケンタッキーとセブンイレブンの間の道を道なりに進み、突き当たり右折してすぐ右手。

立花《たちばな》

☎ 03-3793-7434

MAP P159　ジャンル 老舗

（住）目黒区祐天寺1-21-2　（駅）東急東横線祐天寺から徒歩3分　（営）17:00～24:00　（休）日曜、正月　（席）カウンター6名　座敷約20名

MENU

（名物）とりもつ刺三品

生ビール（エビス）	750円
たちばな（1合）	850円
立花（1合）	600円
るみ子の酒（1合）	800円
昔造り（1合）	800円
とり刺三品	1000円
もつ	200円
とくかわ	150円
自家製皮巻き揚げギョーザ	500円
もつすき焼セット（1セット3人前）	3000円

ひとこと

鳥料理の専門店で、新鮮な刺身料理が秀逸。銘酒が揃っている。

備考・その他

2008年9月1日より下記に移転。
目黒区中目黒5-28-13 1F

（上右）プライベートブランド「立花」と「たちばな」。どちらも美味い。（上左）とり刺。（下）プリプリシャキシャキの鳥もつの刺身三品。

うだ。

あと、この店主だが、最初は寡黙な感じがするが、日本酒の話になると堰を切った様に語ってくれる。日本酒好きが高じて、お店の店名を冠した「立花」というプライベートブランドのお酒がある程だ。山形の蔵元に作って貰う「たちばな」純米吟醸は、冷酒でがんがん飲める吟醸香がほのかに香る濃厚かつキレのある酒だ。また三重の蔵元に作って貰う「立花」特別純米は、常温かぬる燗が似合う辛口タイプの酒で、鳥料理と併せて、このお店の名物とも言える。決して全員が気に入るとは思っていないが、一人酒が好きで、静かに日本酒の杯を傾けたい方には、是非お薦めしたい。

（石原）

（上）肉厚でジューシーなもつ焼きがうまいっ！（左）名物のトンビ豆腐。

ばん

サワー発祥の店でレバカツともつ焼きを夢中で齧《かじ》り付き！

この店は、「ホイス」が飲める店として、有名な店だ。中目黒にあった頃は、連日もつ好きのお客で混雑していた人気店だった。有名店にありがちな敷居の高さなんて微塵もなく、気さくでアットホームな雰囲気がとてもお客に好かれていたのだ。だから、隣席の常連さんと気軽に会話出来る楽しさが、この店にはあった。例えば、常連さんから、必ず食べろと教わったのが、豚の尻尾の肉を煮込んだ「トンビ豆腐」と「レバカツ」だ。あと、もつ焼きもかなりの大きさがありボリューム満点なのだ！　焼き加減も絶妙だ！　焼き過ぎることはない。串の肉に齧り付くと、口の中に肉汁が拡がる……美味い！

名物の「ホイス」ともつ焼きは相性が抜群だ。デンキハイボールを飲みやすくした様な味が脂っこいもつ焼きに合うからだろう。それからこの店には、ホッピーもあるが、一番のお薦めは、レモンサワーかもしれ

ばん《ばん》
ばん

✆ 090-4706-0650

MAP P159 ジャンル もつ焼き

㊟ 目黒区祐天寺2-8-17　㊩ 東急東横線祐天寺駅から徒歩7分　営 16:00〜23:00　㊡ 日曜、祝日　席 約50席

東口から出て、駅前ロータリーの向かいの祐天寺駅前通りを道なりに進む。駒沢通りとの交差点に来たら右へ。約50m進んだ右手。

MENU

名物　もつ焼き

サワー	250円
レモンサワー	350円
ウーロンハイ	300円
ビンビール（大／サッポロ）	480円
ホッピー	380円
ホイス	320円
もつ焼き（1串）	100円
レバカツ（1串）	130円
トンビ豆腐	300円
レバ刺し	280円
もつ煮込み	300円

ひとこと

いつ行っても混み合うもつ焼き人気店。サワー発祥の店。

備考・その他

お通しのお新香（糠づけ）は無料サービス。

（上左）生レモンがついたサワーとレバカツの相性が抜群。（左）マスターの焼くもつ焼きが食べたくて毎日常連さんがやってくる。

ない。何故なら、三五〇円の値段で生レモンが丸ごと一個と瓶入り炭酸がセットで出てくるのだ。実はこの店は、サワー発祥の店でもあるのだ。だから、創業当時のままの生レモン入りのサワーが飲める訳だ。

　こんな旨い料理と酒を飲ませてくれるお店が再開発に伴い閉店になった時には、とても悲しかった……。ところが、数年前に祐天寺で再開したのだ。お店と場所は変わったが、中身はあの中目黒のままなのが嬉しい。

　自家製おしんこやマカロニサラダが、また実に美味しいし、量がたっぷりなのが良いね！　これらのサイドメニューともつ焼き、レバカツ、「トンビ豆腐」があれば、多少嫌なことがあっても機嫌が直ること間違いなしの癒しの店だ。（石原）

金田《かねだ》

山の手自由が丘の老舗名居酒屋

（上）左から、里いも満月むし、胡麻豆腐、マグロさしみ。（左）菊正宗の米焼酎。

「住みたい街」のアンケートを取ると、常に上位にランクインするお洒落な住宅街、自由が丘。この地で昭和十一年に創業して以来、七十年以上人気を保ち続けている名酒場が「金田」です。外観はこぎれいな割烹・料亭のような風情ですが、一歩店内に入ると、ダブル「コ」の字カウンターのいかにも居酒屋らしい造り。二階には座敷席もあって、三人以上のグループ客はそちらに通されます。落ち着いた客層と、静かな雰囲気がこの店の特徴。これはまさにお店の人たちの接客の素晴らしさによるもので、三人いるカウンターの担当者（店主とそのご家族）は「注文をとる」「料理や酒を運ぶ」という一連の仕事をした後は、必ずカウンター付け根の所定のポジションにもどって、穏やかな表情で自分の担当するカウンター全体を見渡しています。そして注文しそうな素振りのお客さんがいると、すっと近くに来てくれるので、大声で呼んだり、大声で注

金田《かねだ》

金田

☎ 03-3717-7352

MAP P158 ジャンル 老舗

北口改札を出て右へ。1本目の路地を左折しすぐ左手。

(住) 目黒区自由が丘1-11-4　(駅) 東急自由が丘駅から徒歩2分　(営) 17:00〜22:00　(休) 日曜、祝日　(席) 1階30人 2階30人　3階25人

MENU

名物 **旬の肴**

生ビール（サッポロ）………… 550円
菊正宗（1合）………………… 420円
白鷹（1合）…………………… 480円
菊正宗（冷酒／300ml）……… 950円
菊正宗（米焼酎／1合）……… 950円
胡麻豆腐 ……………………… 550円
里いも満月むし……………… 840円
マグロさしみ………………… 1600円
いいだこ煮付………………… 500円
サツマ揚げ …………………… 550円

ひとこと

山の手の居酒屋の雄として名高い老舗。

備考・その他

大声での会話。他の客についだり、つがれたりはしないように。3名以上のグループは2階席となる。携帯電話禁止。

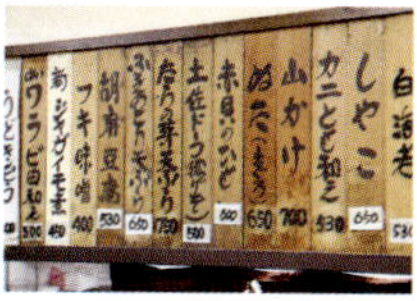

（上）ダブル「コ」の字カウンターの店内。（下右）カウンター奥に厨房がある。（下左上）日本酒は甘口、辛口、旨口の３種。（下左下）ずらりと並ぶ短冊メニュー。

文したりする必要がないのです。

旬の肴を中心に、その数およそ八十品という料理メニューは、厨房との仕切り壁の端から端まで、ずらりと短冊メニューが並びます。同じものがＡ３サイズの紙にも毎日手書きされ、カウンターの上段に置かれています。値段は四〇〇〜一五〇〇円ぐらいで、旬・初・珍味などの印もついていて、わかりやすくなってはいるものの、「美味しそうなものがたくさんあり過ぎて、困っちゃうよねー」という声が出るほど。

冬場のウニ煮こごりなどは、見た目にも非常に美しくて、箸を入れるのもためらわれます。（浜田）

冨士屋本店《ふじやほんてん》

階段を降りると、そこは呑ん兵衛のパラダイス

(上)はんぺんチーズ。人気の揚げ物は種類も豊富。(左)にぎやかな店の中心には、いつもよしえ店長がいる。

ＪＲ渋谷駅西口を出て、国道二四六号線を跨ぐ歩道橋を渡った先。なんでもないようなビルの入口から地下へと続く階段をトントントンと降りると、ド〜ンと広がる大きな立ち飲みワールド。殺風景な階段まわりとは打って変わった賑やかな光景に、いつも驚かされます。飲食店にとっては不利と言われる地下にもかかわらず、営業時間中はずっと満員状態が続く人気店です。

この店は品物と引き換えに料金を支払う、キャッシュ・オン・デリバリー方式。カウンター上に置いたお金から必要な代金を取り、その場にお釣りを置いてくれます。だから、今日は二千円分飲もうと決めたら、最初から千円札を二枚カウンターの上に置き、それがなくなったら帰るようにすれば飲み過ぎることもありません。

ここに来るといつも注文するのがハムキャベツ。こ

富士屋本店《ふじやほんてん》

✆ 03-3461-2128

MAP P158 ジャンル 立ち飲み

㊟渋谷区桜丘町2-3（地下） ㊫JR渋谷駅から徒歩3分 ㊤平日17:00～21:30 土曜17:00～21:00 ㊡日曜、祝日、第4土曜 ㊢定員約100人

西口を出て、歩道橋で国道246号を渡る。上州屋を左手に見ながら歩いてすぐ右手地下。

MENU

名物 もつ煮込みほか

ホッピー	200円
生ビール（中／サッポロ）	450円
サッポロ焼酎	600円
寒梅（1合）	280円
天竜にごり（1合）	350円
はんぺんチーズ	250円
なすみそ	250円
マカロニサラダ	200円
ハムキャベツ	300円
はたはた天	350円

ひとこと

東京を代表する立ち飲み店のひとつ。

備考・その他

特になし。

（上右）ホッピーは瓶入りの焼酎と瓶入りホッピーをもらって作る。（上左）マカロニサラダもハムキャベツも、ボリュームたっぷり。（下）なすみそ。

れは山盛りの千切りキャベツにマヨネーズをかけ、その上に薄切りのハムを敷きつめたもので、ハムを一枚ずつ取っては、キャベツをぎっしりと巻いていただくと、とても三〇〇円とは思えぬボリュームに空腹も癒されます。マグロ中落ち（三五〇円）や、たっぷりパスタのマカロニサラダ（二〇〇円）、皿からあふれんばかりのゴボウ天（二〇〇円）も年中人気の品。冬場に人気があるのが、メニューにも名物と書かれているもつ煮込み（三五〇円）と、薄味の出汁で煮込まれた湯豆腐（二〇〇円）です。ここでこうして飲んでいると、若者であふれかえる街、渋谷にいることをすっかり忘れてしまいます。（浜田）

（上）アジ唐揚土佐酢かけ。

あかおに

赤鬼

日本酒好きな人集まれ！
三茶で飲むならここと評判の人気店

赤鬼は日本酒好きの男女でいつも満席状態の三軒茶屋の人気店だ。お店の場所は裏通りにあり、決して立地が良い訳ではないが、週末ともなれば、予約なしだと入店が難しい場合が多い。人気の理由は、いろいろあるが日本酒で一番人気の十四代が全種類揃っていることや、酒の肴が二〇〇種類以上あること、店内が禁煙である事などが挙げられる。もちろん十四代以外の日本酒も日本全国各地の銘酒が揃っていて純米ファンにも満足できる逸品が飲めるようになっている。

今回は、友人と二人で訪れたが、週末だけあって店内は満席状態だ。凄いね。これだけ混んでいると店内の空気は煙草の煙で澱んでいるところだが、全面禁煙のため空気は熱気があるだけで、臭くないのが嬉しい（笑）。煙草を吸わない私には実に有難いルールだ。他のお店でも是非実施して欲しいが、まだこの店ほどの英断が出来るお店は殆どない。

赤鬼《あかおに》

✆03-3410-9918

MAP P159　ジャンル 銘酒居酒屋

㊟世田谷区三軒茶屋2-15-3　㊎東急線三軒茶屋駅から3分　㊄平日17:30～23:30 L.O.　土曜17:00～23:30 L.O.　日曜、祝日17:00～23:00 L.O.　㊡なし　㊖約40席

駅出口を出て、国道246号を厚木方面へ。角にピカソがある路地を右折し、しばらく直進すると右手。

MENU

名物 種類豊富な日本酒

生ビール（中／エビス）……650円
南（純米吟醸生）……650円
亀泉（純米山田錦生）……700円
十四代（本丸）……600円
松の寿（純吟雄町生）……750円
アジ唐揚土佐酢かけ……600円
こんにゃくの刺身……500円
くみあげゆば……800円
汲出し豆腐……750円
お刺身盛り合わせ……1人前2500円

ひとこと
世田谷区の老舗と言えばこの店。日本酒の種類は山の手一かも。

備考・その他
全席禁煙。

（下）十四代など人気銘柄が充実。（右下）汲出し豆腐。（下）全席禁煙の店内。

さて、相方とビールで乾杯した後、刺身の盛り合わせと汲み出し豆腐、水ナスの刺身、そら豆を食べる。刺身は見た目も豪華だがどれも新鮮で美味しそうだ。鯛の刺身を一口食べてみると、身がぷりぷりで甘い！

これは旨いね！　ビールから日本酒に代えてみる。お酒は当然十四代だ。まずは、本丸から飲んでみる……おぉ、吟醸香が素晴らしい！　口に含めば、コクとキレのある味わいが口中に拡がっていく。これは本醸造と言っても、吟醸酒のレベルのお酒だと思う。こんな美味しいお酒が何時でも飲めるのは嬉しいね。やはり月一回は通いたくなるお店の一つだな。（石原）

雑多な雰囲気だが不思議と落ち着ける店内。料理メニューも豊富なので、注文に迷うこともある。

味とめ《あじとめ》

山の手なのに下町感覚で楽しめる　お勧めグルメ店

三軒茶屋は和風居酒屋から国際色豊かなレストランまであらゆる種類のお店が錯綜する食べ物屋の激戦区だ。味とめは、そんな厳しいエリアで何十年と営業している老舗中の老舗と言える居酒屋である。お店は、三軒茶屋駅から地上に出て、すずらん通りに入り西友に向かって歩いていくと、すぐに見つかる好立地にある。年季の入ったドアを開けて中に入ると雑多な雰囲気がする店内に驚く人が多いかもしれない（笑）。何しろ酒瓶と花瓶と皿が所狭しと置いてあるから。でも花瓶には大きな百合の花が活けてあり、良い香りを放っている……そう、不思議な雰囲気のある店だ。太田和彦氏が、初めてこの店を訪れた際に、見た目と中身の格差に衝撃を受けたというエピソードがある程だ。

さて、この店は女将さんが千葉出身ということもあって、いわし料理、鯨料理が充実している。あと、この店の名物はふぐになるが、コース料理はもちろんの

北口からまっすぐに約30m進む。交番に突き当たったら右へ。すずらん通りを約50m進んだ右手。

味とめ《あじとめ》

✆ 03-3412-9973

MAP P159 ジャンル 老舗

㊟ 世田谷区太子堂4-23-7　㊫ 東急田園都市線三軒茶屋駅から徒歩2分
㊖ 平日10:00～24:00　土曜、日曜15:30～24:00　㊡ 不定休（月に2回）
㊢ 約40席

MENU

名物 いわし料理、鯨料理

- 菊姫 山廃（1合）……………… 630円
- 黒龍（1合）……………………… 630円
- どぶろくキリンレモン割り（1杯）……………………… 530円
- ビンビール（大／キリンラガー）……………………… 610円
- 生ビール（中／キリン）……… 550円
- マンボウ刺身…………………… 740円
- ゆし豆腐………………………… 650円
- ナマズと季節野菜の天ぷら･ 1260円
- イワシ刺身……………………… 550円
- クジラ竜田揚げ………………… 890円

ひとこと

山の手なのに下町の雰囲気がある家庭的な居酒屋。

備考・その他

予約はお客様の財布に合わせてくれる。

（上右）日本酒好きなら楽しくなる銘柄が揃っている。（右）カウンター席は毎日来る常連さんで一杯である。

こと、刺身や唐揚げ、鍋などが単品で格安で食べられるのが良い。また嬉しい事に、どれも一人前から注文が可能なので、例えば三人位で行って一人がいわしコース、一人が鯨コース、一人がふぐコースを頼むことが可能なのだ（笑）。もちろん、こんな注文の仕方をするお客はいないか（苦笑）。

　またお酒もビール、チューハイはもちろんのこと、ホッピーや久保田、黒龍、菊姫などの有名地酒や芋焼酎、黒糖焼酎なども揃っているので、酒好きも大満足。場所柄、芸能人や演劇関係者がよく来るらしいが、気さくで太っ腹な女将さんの人柄が誰にも好かれている証拠だと思う。世田谷で下町感覚で気楽に飲める店として、絶対お勧めのお店だ。（石原）

じっくりと煮込まれたおでん。つみれとじゃがいもは必食だ。

宮鍵《みやかぎ》

若者の街、下北沢に 中高年の憩いの聖地を見つける

下北沢は若者の街と言われて久しい。大学生や二十歳代のサラリーマンやOLなどが闊歩している。当然お店もファーストフード系や大手チェーン店系の居酒屋などがひしめいている状態だ。宮鍵はそんなこの街で何十年も営業している老舗中の老舗のおでん屋だ。

年季の入った戸を開けて、中に入ると厨房を囲む様にコの字型のカウンターが広がっている。丁度入れ替わりに帰るお客さんがいるので、その席に座る。店内は二人連れのお客か、一人客で七割程度の入りだ。大声を上げて騒いでいるお客は一人もいない。外の喧噪とは全く異なる落ち着いた雰囲気が心地良い。

今日はちょっと暑かったので、瓶ビールの小を頼む。グラスに注いで一気に飲む……旨い！　ビールの相棒として、そら豆を頼むと、売り切れとのこと（涙）。ま、そういう事もあるわな。では、代わりに煮込みを頼む。お、これはまた変わった煮込みだ！　牛のすじ肉を長

北口を出て右へ。横浜銀行の角を右へ曲り、突き当たったら左へ。約100m進み、突き当たったら右へ。約50m先、右手の赤い提灯が目印。

宮鍵《みやかぎ》

☎ 03-3467-5000

MAP P162 ジャンル 老舗

㊟ 世田谷区北沢2-33-12　駅 小田急線下北沢駅から徒歩6分　営 17:00～22:30　休 祝日　席 約15席

MENU

名物 おでん

初孫 金印 (7勺)	320円
剣菱 (7勺)	350円
久保田 百寿 (7勺)	380円
シソ焼酎 (7勺)	600円
ビンビール (小／サッポロ)	300円
おでん 大根	250円
おでん 玉子	150円
おでん ちくわぶ	150円
おでん がんもどき	300円
おでん しらたき	250円

ひとこと

若者の街の下北沢にあって、ゆっくりとおでんを楽しみたい人には絶対オススメ。

備考・その他

お一人様2時間くらいまで。

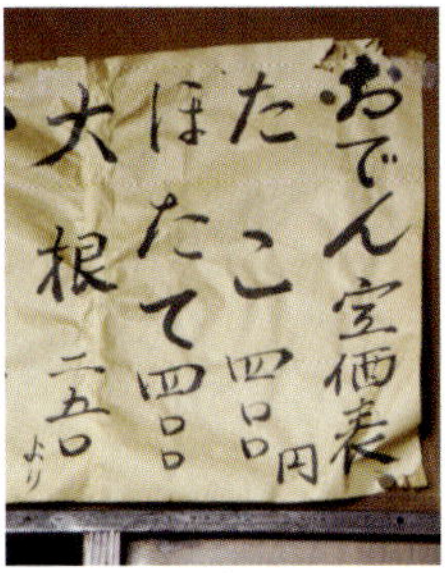

(上左)歴史を感じさせる価格表。(左)おでん鍋を囲むようにカウンターがある。

時間掛けて肉が繊維質の状態になるまで煮込んだ感じがする。ネギと一緒に一口食べてみる……お、凄い！　お酒に合うやや塩気の利いた味付けが堪らないね。これはお酒が飲みたくなってしまう。それなら、初孫の冷酒を小徳利で飲むとしよう。それから、当然おでんも食べなきゃ！

おでんは、大根、つみれ、じゃがいもを頼む。大根は良く煮込まれていて実に美味しい。つみれは口に中に入れると溶けていく感じが気に入った！　そして、最後はじゃがいもを食べてみる……かなり大きいので箸で小分けにしないと食べ切れない程のサイズが嬉しい。さすが老舗のおでんだ。月一回の割合で通いたくなる味だと痛感した。(石原)

千登利《ちどり》

いつも満員の老舗やきとん屋

（上）カウンター内の大鍋で煮込まれる牛肉豆腐。（左）笊の上にはずらりと材料が並ぶ。

池袋駅西口から歩いて五分ほど。いつも大勢のお客さんでごった返しているのが、昭和二十四年創業、やきとんの「千登利」です。開けっ放しの入口を入ると、うなぎの寝床のように奥に長い店内の左手には、店の奥まで続く長いカウンター席があり、右手入口横と、一番奥のところにテーブル席がある造り。看板料理のやきとんもさることながら、ほとんどのお客さんが注文する名物が、カウンターの中の大きな煮込み鍋でグツグツと煮込まれている牛肉豆腐です。長円形の、小さなカレー皿のような深皿で出される牛肉豆腐は、よく煮込まれた豆腐が大きなかたまりのままドンと中央に据えられていて、その上から、これまたよく煮込まれた牛カシラ肉がたっぷりつがれ、最後に刻みネギをトッピングしたもの。甘ったるいとも感じるほど甘い味つけと、牛肉の脂分、そして豆腐のボリューム感が、闇市時代から続いているという牛肉豆腐の人気の理由

千登利《ちどり》

✆ 03-3971-6781

MAP P160　ジャンル もつ焼き

㊟ 豊島区西池袋1-37-15 西形ビル1F
㊕ JR池袋駅から徒歩5分 ㊔ 16:30〜23:00 ㊡ 火曜 ㊩ 30席

西口を出て右へ。通りを2本渡って左へ曲り、約30mで右へ進み、ロサ通りへ。約30m先の左手。

MENU

名物 もつ焼き、牛肉豆腐

両関（1合）	370円
黒松剣菱（1合）	550円
高清水（1合）	470円
米酎 35度（1杯）	550円
ビンビール（大／サッポロ）	650円
焼きトン（1串）	160円
牛肉豆腐	590円
あい鴨（2本）	750円
ヒナ鶏手羽先焼き	470円
カブの味噌添え	450円

ひとこと

牛肉豆腐はほとんどの人が注文する人気の品。いつも店頭に待つ人がいるほどにぎわっている。

備考・その他

特にルールはなし。お客さんの好きなように、お酒とおつまみを楽しんで欲しいと店主。

（上）店内はいつも満席。（右）名物・牛肉豆腐。（右下）カウンター内の焼き台。（左下）やきとんとカブの味噌添え。

なんですね。

もうひとつ、はずせないのが季節の野菜です。カウンターの中に置かれたザルには、その季節ごとの野菜がどっさりと入っていて、注文に応じて出してくれるのです。中でも人気があるのがカブ。丸々一個の茎付きのカブを、リンゴを割るように四分割してお皿に盛り、味噌を添えてくれます。生の野菜を切って出しただけというシンプルな料理なのに、ちょいちょいと味噌をつけてガブリとかじると、しっかりとした歯応えとともに、カブ本来の味をじっくりと味わうことができるのです。生のカブってこんなに美味しい野菜だったんだなぁ、と改めて感じさせられる逸品です。（浜田）

竹の子丸焼き。甘みがあって実に美味しい。

こなから

大切な人と美味しい料理を食べて飲みたい時はここがお薦め!

　こなからは大塚の居酒屋の代表的な存在だ。だから週末どころか平日でも予約無しだと入れないことがある。この日は、久しぶりに友人と美味しい肴と地酒が飲みたいと思い、夕方に電話して席を押さえておいた。お店に到着して、ドアを開けると空いている席はカウンターに四席しか残っていない。我々二人が席に着いて暫くしたら、女性の二人客がやって来たので、店内は満席の状況だ。

　落ち着いたところで、店内を見回すとほぼ全員が二人連れ以上のグループ客が多い。特徴的なのが、女性客の比率が多いことだ。料理が美味しい店という評判が定着しているからだろう。実際に、この日に食べた料理は、どれも綺麗に盛り付けられていて、見た目も美しいし、味付けが素晴らしい。

　例えば、旬の野菜として大阪泉州の水茄子とトマトの生野菜を食べてみたが、今日収穫したばかりと思え

北口のロータリーを右に歩き、都電の踏切を越え、信号を渡り、正面に見えるコージーコーナーの左隣。

こなから《こなから》

☎ 03-5394-2340

MAP P161 ジャンル 創作料理

住 豊島区北大塚1-14-7 駅 JR大塚駅から徒歩2分 営 18:00～23:30（L.O. 23:00） 休 水曜 席 18席

（上右）常時10種類以上の地酒が揃っている。（上左）目の前で手際よく調理する板前さん。菜の花生麩の揚げ出し。（右）ヤリイカゆであげ。

MENU

名物 旬の料理と日本酒

- 早瀬浦（7勺半）……820円
- 酔鯨「すっぴん」（7勺半）……760円
- 美丈夫（1合半）……1100円
- 生ビール（大／キリン）……500円
- MOËT & CHANDON……6800円
- まぐろの酒盗クリームチーズ添え……580円
- 菜花と生麩の揚げだし…880円
- やりいかゆであげ……1550円
- 竹の子丸焼……1250円
- 玉子かけごはん……500円

ひとこと

小さな店だが、いつもお客さんで一杯の人気店。

備考・その他

漁港、市場で良い品をつまみとして出すため、メニューは基本的に日替わり。同じメニューでも材料を違う市場から取り寄せることも。酒も季節ごとに変更がある。

る程瑞々しい感じが堪らない。お次は大豆の旨味が凝縮された豆腐で、これに世界の塩（岩塩）をかけて食べると豆腐自体の甘みが更に引き立って実に旨い！

この日は夏並みに暑かったこともあり、女将が自らサーバーから注いでくれるクリーミーな泡立ちの生麦酒が最高に美味しい。美味しさの余りあっという間に生麦酒は飲み干してしまったので、お次は日本酒だ。何しろこの店は、美味しい日本酒が各種揃えてあるのも人気の一つなのだ。定番の十四代の本丸から飲むとしよう。よく冷えた液体からは何とも言えない米の香りが漂う。まずは一口飲んでみる……う～ん、ホント旨い酒だ！　よし、今夜はたっぷり飲んで食べるぞ！

（石原）

（上）日本酒との相性が抜群の谷中生姜の肉巻き天ぷら。

串駒《くしこま》

これぞナンバーワン！
居酒屋の中の居酒屋大塚にあり

大塚の居酒屋といえば串駒の名前が最初に浮かぶ。それほど有名な店だが、全く敷居の高さがないところがこの店の嬉しい点だ。店主の大林さんの人柄かもしれないが、気さくな雰囲気で美味しい料理と地酒を満足するまで堪能できる癒しのスポットだ。

この店を初めて訪れたのは、もう十年以上前かもしれない。その時に、十四代という酒の美味さを教えてくれたのも大林さんだ。二階の座敷席に行くと何とも風変わりな風体をした男性が正坐していて、冗談や親父ギャグを飛ばし、二時間笑いっぱなしの状態だった。その時に、美味しい酒だから飲んでみな、と言われて本丸を飲んで、あまりの旨さにびっくりして、これが本醸造と言われてさらにびっくりした記憶がある。

でも更にこの店で嬉しいのは料理だ！　たとえば、美味しい鍋が一年中食べられるが、これがどれも甲乙つけ難い。豆乳鍋やいしりのみぞれ鍋や鯛のしゃぶし

北口を出て、みずほ銀行を左手に進む。交差点を渡り、路面電車の線路を渡ったら、2本目の角を左へ。約250m道なりに進んだ右手。

串駒《くしこま》

✆ 03-3917-6657

MAP P161 ジャンル 銘酒居酒屋

㊟ 豊島区北大塚1-33-25　駅 JR大塚駅から徒歩7分　営 18:00～24:00
休 日曜　席 約35席

MENU

名物 **馬刺し**

而今（小徳利）	900円
十四代（小徳利）	950円
町田酒造（小徳利）	750円
杉錦（小徳利）	700円
七本鎗（小徳利）	850円
熊本直送霜降り馬刺し	1900円
鶏のレバパテ	700円
つかんまぜ	500円
谷中生姜の肉巻き天ぷら	780円
農家直送野菜盛り合わせ	780円

ひとこと

気さくな店主が営む敷居の高さのない名店。色々と料理を楽しみたい場合はコース料理がお得。

備考・その他

狭い店なので、できれば予約した方がよい。

（上右）店主の大林さんとの会話が楽しい。（上左）全く外れがない料理の数々。（右）今一番美味いと評判の「而今（じこん）」を。

ゃぶなどどれを食べても満足の逸品だ。あとは、コロッケやさつま揚げやサラダなどの一品料理も実に美味しいので、ついつい食べ過ぎてしまうこともある位だ。

　でも料理はお得なコース料理が一番お勧めかもしれない。あれやこれやお任せの料理が楽しいからだ。雰囲気からして、ちょっとした料亭で会席料理を食べている気分にもなれるのが嬉しい。だから、得意先の接待にもぴったりだと思う。そうそう、もし彼女がグルメで日本酒好きならデートにも是非お勧めしたい。きっと彼女と仲は今まで以上に深まること……間違いない、かな（笑）。（石原）

高木《たかぎ》

五十年の歴史を持つ焼酎の牛乳割り

(上)やきとん、野菜焼きはそれぞれ1本110円。(左)豚煮込みには刻み玉ねぎをトッピング。

やきとん「高木」のある滝野川は、明治通りと白山通り(旧・中山道)の交差点近くにあり、昔から交通の要衝として栄えてきたのだそうです。ここ「高木」も大正十一年の創業。池袋駅近くで屋台として創業し、昭和四年にこの地に店を構えました。現在の建物は昭和四十年代に建て替えたものだそうで、入口の幅いっぱいに掲げられた長い暖簾にも老舗の風格が漂います。店内は二十席ほどの長いカウンター席に、壁際には四人掛けテーブル席が五卓並びます。現在の店主は二代目となる創業者の息子で、昭和五年生まれ。焼き台を守る若き三代目は「おじいさんの代(初代)から、私まで、三代にわたって、だれもお酒が飲めないんですよ。だからお客さんのおっしゃるとおりにやってきました」と話してくれます。今ではわりとポピュラーな飲み物になった焼酎の牛乳割りも、今から五十年ほど前に、あるお客さんから「焼酎と一緒に牛乳を出して

高木《たかぎ》

☎ 03-3916-1750

MAP P161　ジャンル 老舗

住 北区滝野川7-47-1　駅 都営三田線西巣鴨駅から4分　営 17:00～23:00（L.O.22:30）　休 日曜、祝日　席 約45席

駅を出てすぐの国道17号を板橋方面へ。明治通りとの交差点を左折し直進。通り沿い右手。

MENU

名物 牛乳割り

生ビール（中／サッポロ）	470円
ビンビール（大／キリン）	570円
焼酎	250円
ハイサワー用焼酎	220円
ハイサワーボトル	220円
日本酒	320円
牛乳	170円
豚煮込み	430円
やきとん各種（1本）	110円
野菜焼き各種	110円
ぎんなん	150円
冷やしトマト	230円

ひとこと

レトロな雰囲気の中、人気の牛乳割りを飲みながら、やきとんや煮込みに舌鼓を打つ。

備考・その他

バスで行く場合は、池袋駅東口と西新井駅（王40甲）か浅草雷門（草63または草64）を結ぶ都営バスに乗り、堀割バス停で降りると目の前。

（上右）焼き台に向かう三代目。（上左）名物・牛乳割りと湯豆腐。（下）近所の人たちでにぎわう店内。

くれ」と言われて始まった飲み方なのだそうです。

　この店のもう一つの名物はトロトロに煮込まれた豚煮込み。内容は豚の腸だけというシンプルなもので、味付けは味噌をベースに醤油なども入っています。これにカウンター上に置かれた刻み玉ねぎをたっぷりと入れていただくのです。ここの煮込みは以前は牛のシマチョウを使った、しっかりとした食感のものですが、BSE騒動が発生して以来、豚に切り換えたのでした。看板料理のやきとんも、ナンコツが大と小の二種類があったりしておもしろい。喉（気管）の部分が大ナンコツで、そこから分岐した気管支の部分が小ナンコツで、それぞれコリコリ感が異なります。（浜田）

初恋屋に来たら是非食べておきたい刺身の盛り合わせ。悪酔い防止のための軍艦が嬉しい気配りだ。

初恋屋《はつこいや》

魚好きなら一度は訪れたい！「旨い・安い・雰囲気良し」の人気居酒屋

この初恋屋は名店揃いの北区の居酒屋の中でもトップクラスと言っても過言ではない。お店の規模は決して大きくはないが、その分マスターとママさんの目配り、気配りが十分行き届いており、気さくな雰囲気の中で美味しい料理とお酒を堪能出来る。

開店時間から常連客がどんどんやって来るので、あっという間に満席状態になるが、一見客も臆することなく十分に楽しめる。特にお薦めは、新鮮な魚介類の刺身、煮物、焼き物で、三〇〇〇円～五〇〇〇円の範囲で驚く程美味しい刺身などを食べられるのだ。

店内は、決して広くはないが、カウンター席とテーブル席に座敷席とあり、ちょっとした人数の宴会も開くことが可能だ。このお店の名物料理はたくさんあるが、まずは新鮮な魚の刺身がお勧め。マグロやカツオ、アジ、カワハギ、ブリ、タイなどその日のお勧めを盛り合わせで食べるも良し、また単品をお好みでたっぷ

はつこいや
初恋屋
✆ 03-3800-8278
MAP P160　ジャンル 大衆

住 北区東田端1-12-1 駅 JR田端駅から徒歩3分 営 16:00～23:30 休 土曜、日曜、祝日（最終土曜は営業） 席 40席

北口を出て右へ。ふれあい橋を渡って右に曲り、スロープを下り、左の自転車置き場を抜けると正面。

MENU

名物 新鮮な魚介類

奥の松（2合）	500円
地酒各種（2合）	560円～
初恋屋（焼酎ボトル）	2000円
ビンビール（大／サッポロ）	500円
生ビール（中／サッポロ）	400円
アラ大根煮	300円
マグロのカマ焼き	300円
刺身3点盛り	1640円
ヒレカツもどき	350円
キンメ煮付け	600円

ひとこと

新鮮な魚料理が売り物だが、どれも格安で旨い！

備考・その他

お刺身には軍艦が付く。お腹をいたわって飲んでいただきたい。

アラ大根煮は300円で山盛り状態で出してくれるこの店のサービス品だ。

りと食べるも良しだ。あと、マグロのカマ焼きや魚のアラと大根の煮つけもお勧め。これらは、驚く程の量が出てくるが、これがまた三〇〇円～四〇〇円程度の安さで嬉しい限りだ。またマグロの脂が乗ったところをフライにしたヒレカツもどきという料理があっさりした上品な味わいで人気メニューだ。

飲み物は、初恋屋の店名をオリジナルラベルにした焼酎か、キンミヤをボトルで頼むのがお得だ。これをウーロン割りにしたり、お湯割りにすれば、美味しい料理とお酒で極楽気分になれること間違いなしだろう。そうそう、お勘定の時にもう一度安さにびっくりして良い気分を味わうことが出来る筈である（笑）。（石原）

酒は4、5品。フードメニューは日替わり数品。シンプルでその日の組み立てに頭悩ます憂いもない。

麻音酒場《あさねさかば》

山手線内に潜む隠れ家

情緒溢れる谷中銀座商店街、その手前の路地を住宅街へと向かって歩くと、忽然と姿を現す小さな横丁がある。日常という砦に守られたその空間の名は「初音小路」。実は昭和二十五年から続く歴史ある横丁である。せつなさ迫る通りには煌々と灯が灯り、一見排他的に映って然り。だが勇気を持って足を踏み入れるとこれが意外。若きエネルギーに満ちた個性的な店が展開され、見事にリメイク果たされているのだ。

目的の麻音酒場は、やや奥まった場所に位置する。木の温もりに満ちた小さなスペースは、カウンター八席を設けるのが精一杯。本格的な調理場らしきは見当らない。そう、ここは自他共に認める憩いの場。「自慢の料理はございませんが」と若き御主人の控えめな言葉に偽りは無い。少数精鋭の純米酒に、わずかな手作り料理。だが大いなる遺産にどっぷり浸って味わえば、どれもしみじみと旨いのだ。

西口を出て左へ上り、坂を約150m進む。ポストのある交差点を左へ。約20m先、左側にある初音小路に入り、約10mの左手。

麻音酒場《あさねさかば》

✆ 03-3828-1237

MAP P152　ジャンル 大衆

住 台東区谷中7-18-13　駅 JR日暮里駅から8分　営 19:00～23:00　休 日曜　席 8席

MENU

名物 建物と雰囲気

緑川 純米（1合）	700円
伝心 純米（1合）	700円
天狗舞 純米（1合）	700円
大七 純米生もと（1合）	700円
焼酎ハイボール	500円
もやしレバー炒め	500円
つくねの皮巻き	500円
チョリソー	500円
煮凝り	300円
煮玉子	200円

ひとこと

谷中の旧き良き小路に、個性的にリメイクされた、純米酒が飲める手づくり居酒屋。

備考・その他

お一人様で来て、他のお客さんや店主とのお酒を通してのコミュニケーションを楽しんで欲しいと店主。

混雑時は立ち飲み可なので、満席でも勇気を持って入り込もう。

店の良さはこうしてシンプルに酒を楽しめ、かつ居合わせた客との会話を楽しめるという、二点に集約されるといって良いが、もうひとつ粋な楽しみ方があるので紹介したい。

谷中散策にと仲間を誘い、同時に店の座敷をキープするのだ。郷愁に浸った後は、小路へと向かい脇の勝手口から二階へと這い上がる。そこに広がる和空間で、火鉢や三味線、数々のレトログッズを愛でながら酒宴を催すという趣向である。予め伝えておけば、料理や酒の持ち込みも可（有料）。谷中で惣菜を買い込んで……なんて裏技も素敵だ。帰りは小路を突き進み駅へと戻れば、このミステリアスなツアーは、賞賛と共に完了するだろう。（藤原）

鯉のうま煮。鯉は毎朝、店頭でさばかれる。(左)鰻の蒲焼き。

まるます家《まるますや》

鯉とうなぎで朝から飲める人気店

昭和二十五年創業の「まるます家」は、名酒場がひしめく赤羽の中でも屈指の人気店。朝九時の開店時刻から地元のお客さんたちが詰め掛けます。交差点の角に建つ木造モルタル二階建ての一階はコの字型二連のカウンターにテーブル席が数卓。二階には三人以上なら二時間まで利用可能な座敷席もあります。

看板に「鯉とうなぎのまるます家」と書かれているとおり、この店一番の名物は鯉とうなぎ。毎朝、店頭でさばくという鯉。その鯉の洗いは、美しいピンクの刺身の表面が、冷水で洗われることによって白っぽくしまり、見るからに美味しそう。これを一緒に出される酢味噌でさっぱりといただくのです。っくぅ〜〜っ。うまいっ！ うなぎの方も蒲焼や肝焼、かぶと焼はもちろん、中骨をカリッと揚げたカルシウムや、腹身のポン酢和え、うざくなど、呑ん兵衛垂涎の品々がそろっています。肝吸い付きで七五〇円というう な丼も人

まるます家《まるますや》

まるます家

03-3901-1405

MAP P160　ジャンル 大衆

㊟ 北区赤羽1-17　㊫ JR赤羽駅から徒歩3分　㊪ 9:00～21:30　㊡ 月曜（祭日の場合、火曜）　㊢ 1階40席 2階35席

東口を出てすぐに見える、北側の商店街を直進。ファミリーマートの左手先。

MENU

名物 鯉とうなぎ

生ビール（大／サッポロ）	650円
生ビール（小／サッポロ）	350円
金升（1合）	300円
富久娘（1合）	350円
サワー各種	350円～
焼酎各種	300円～
鯉のうま煮	650円
鯉のあらい	400円
鰻蒲焼き	800円～
ジャンボメンチカツ	500円
刺身三点盛	800円

ひとこと

朝から開いている赤羽の名店。

備考・その他

酔っぱらいはお断り。お酒は3本まで。

いつもニコニコと元気よく切り盛りするおかあさんたちも、この店の名物のひとつ。

気の品。つまみを一、二品たのんでお酒を飲み、うな丼でしめるというお客さんも多いのです。鯉とうなぎ以外にも、店内には百品は軽く超えるのではないかという品書きがずらりと張り出されており、しかもスッポン鍋（七〇〇円）などに代表されるように安いのが嬉しいところです。

　大きな声で元気よく店内を切り盛りするおかあさんたちの働きぶりも、この店の名物のひとつ。「はいよっ。六番さんおあいそ！」「はいっ。チューハイいっちょ！十五番さん！」と、今日も八面六臂の大活躍なのです。

（浜田）

早朝から仕事帰りの人達でにぎわう店内。仕事の疲れが癒される不思議な雰囲気がある。

いこい

これぞ立ち飲み店の極致！
旨い！　早い！　安い！　の三拍子

平日どころか日曜祝日も朝七時から営業しているという飲兵衛には堪えられない立ち飲みの店。広い店内は、早い時間からお客さんが何時も荷物の置き場の無い位飲んでいるが、値段の安さと内容の良さは東京一と言えるので当たり前の光景だ。

例えば、どれだけ値段が安いかというと生ビールの中が三八〇円、ハイボール、日本酒が一八〇円、ウイスキーハイボールが二〇〇円！　また、つまみ類はオカラや煮込み、新鮮なアジ刺しやマグロ刺しが一一〇円！　という今時信じられない値段である。だから、千円札一枚あればベロベロに酔える＝センベロになれるという庶民には何とも大変有難いお店なのだ。

常連客には、生グレープフルーツサワーが人気だ。爽やかなグループフレーツの香りと味が楽しめて、これが二八〇円と破格に安いが、この店では高い方の部類に入る（苦笑）。それから、季節物の牡蠣酢、湯豆

東口を出て、タクシー乗り場を右手に見ながらまっすぐ進み、2つ目の角を右へ曲って約10m先の右手。

いこい《いこい》

☎ 03-3901-5246

MAP P160　ジャンル 立ち飲み

㊟ 北区赤羽1-3-8　㊙ JR赤羽駅から徒歩2分　㊖ 7:00～22:00　日曜7:00～13:00　㊡ 第1日曜　㊢ 約80席

MENU

名物 **まぐろ刺**

福娘（1合）	180円
ビンビール（大／サッポロ）	380円
生ビール（中／サッポロ）	380円
ホッピー	300円
ハイボール（1杯／トリス）	180円
まぐろ刺	110円
煮込み	110円
焼き鳥・焼きトン（各種1皿）	220円
あじさし	130円
なすみそ	130円

ひとこと

ほとんどのつまみは110円。

備考・その他

酔ってる方の来店はお断り。携帯・メールの使用はご遠慮を。

（上）名物のまぐろ刺は土曜日サービスだと100円だ。（下）適量の煮込み、さといもの煮付け、なすみそ。

腐は一三〇円、マグロ刺が土曜サービスとして一〇〇円！　と、もう言うことなしである。

もともとこの店は、酒販店を経営しているので、お酒の仕入れが安いのは当たり前なのだろうが、つまみをどれも一一〇円から一三〇円程度で出しているのは大変な経営努力だと思う。

最後に、気持ち良く飲んで貰うために、このお店のルールを明記しておく。他のお店で飲んで酔ってきたお客さんはお断りとのこと。だから、梯子するなら是非最初にお店に顔を出しておくこと。それから、千円札か五〇〇円玉・一〇〇円玉を目の前のカウンターに置いてから注文すること。品物と引き換えにお金を徴収するキャッシュ・オン・デリバリーである。（石原）

鮮度抜群のカツオポン酢。

第二力酒蔵《だいにちからしゅぞう》

中野で宴会をするなら文句なしにこのお店！

中野駅北口にあるブロードウエイ横に拡がる飲食街は、大小合わせて数百軒のお店があり、和食、洋食、中華などその日の気分で使い分けが出来る大変便利なエリアだ。第二力酒蔵は、この中野で一番新鮮な魚貝類を食べられる店として定評があり、その日に築地に入荷したばかりの新鮮な魚介類がお奨めメニューとして木札に書かれている。お客さんはその木札を見ながら注文すれば、美味しい刺身や焼き物にありつける。

店内は、一階がテーブルと座敷席があり、七十名は入れる広さがある。また、二階は座敷が中心で、一〇〇名の宴会が可能である。金曜日の夜や月末頃の平日には個人客、団体客で満席が当たり前で、忘年会のシーズンだと、早めに予約しておかないと入店は難しくなる程の人気店なのだ。

今回は、八名分の席を予約しておいたので、希望の時間にすんなり入店出来た。まずはビールで乾杯した

第二力酒蔵《だいにちからしゅぞう》

第二力酒蔵

✆ 03-3385-6471

MAP P163　ジャンル 大衆

㊟ 中野区中野5-32-15　駅 JR 中野駅から徒歩2分　営 14:00～23:30　休 日曜　席 約250席

北口を出て右へ。線路沿いの道を進み、最初の角を左へ入り約40m進む。その先の1つ目の角の右手。

MENU

名物 新鮮な魚介類

麒麟山（1杯）	900円
奥の松（1杯）	850円
日高見（4合）	2630円
國盛（2合／にごり酒）	1000円
生ビール（グラス／アサヒ琥珀の時間）	490円
キンキの煮付	3400円
アワビのステーキ	2980円
お刺身	時価
カツオポン酢	1300円
岩ガキ	800円

ひとこと

中野で美味しい魚料理を食べたいと言えばこの店。でも値段は大衆価格。

備考・その他

酔っている方はお断りする場合があります。

（上）常連客が好むくつろぎのカウンター席。
（右）キンキの煮付け。

後、名物の刺身盛り合わせ、ウニの刺身、天麩羅の盛り合わせ、松茸の土瓶蒸などを注文した。突き出しは「煮物盛り合わせ」が出てきたが、これが旨い！　ゆずの香りがして上品な味に仕上がっている。お次の刺身の盛り合わせは、桶盛りとなっていて見た目も美しく、かなりの迫力がある。もちろん味も申し分なし。さすがに魚介類で中野一と言われるだけのことがある。またお酒は、日本酒だけでなく、米焼酎、麦焼酎など種類が揃っていて飲兵衛にも嬉しい取り揃えとなっている。熱燗で飲みつつ、揚げ立ての天麩羅や松茸の土瓶蒸をつまんでいく……実に良い気分になる。ホントこの店は、日本人に生まれて良かったとしみじみ感じさせてくれますなあ。（石原）

（上）鮮度抜群の牛ハツ刺しは、その弾力感に驚かされる。（左）入口上部に小さく書かれた店名だけが、店を発見する手がかりとなる。

石松《いしまつ》

いつも満席、幻のもつ焼き屋

この店に入るのはとても難しいのです。まず店そのものを発見するのが難しい。普通の店はその存在を誇示するように電灯看板があったり、目立つ赤ちょうちんがあったりするのですが、この店にはそんな灯りの類はまったくなくて、店の前に到着して店内から漏れてくる灯りを確認するまで、開いているのかどうかもわからないのです。しかも店内はカウンターのみ七席分しかない上に、たいていは満員なので、運良く店が発見できたとしても、なかなか店内に入ることができないのです。常連さんたちは近所の飲み屋で飲みながら席が空くのを待っていたりして、この状態を示す「石待《いしま》つ」なんて言葉も作られたほどです。

それだけ待ってでもこの店に入りたいのは、なにしろここのもつ焼きや煮込みが美味いから、という極めて単純な理由に尽きます。あらかじめ茹でておかなければならないガツやコブクロなどの食材以外は、すべ

石松《いしまつ》

✆03-5380-5104

MAP P163　ジャンル もつ焼き

(住) 中野区中野5-50-9　(駅) JR 中野駅から徒歩6分　(営) 19:00～24:00　(休) 木曜、日曜　(席) 7席

M E N U

名物 新鮮なもつ

ホッピー	380円
ビンビール（中／サッポロ）	500円
豚もつ焼き（カシラ、タン、レバ）	120円
若鶏つくね	150円
牛ミノ串焼き	150円
牛ハツ刺し	480円
トン足	280円

ひとこと

もつの鮮度の高さは都内屈指。注文を受けてから串に刺して焼き上げるもつ焼きは絶品。

備考・その他

店主ひとりで下準備から焼き上げまでやるので、やや時間がかかる。

（右）もつ焼きにホッピー。（下右）焼き台に向かう店主。（下左）カウンター7席のみの店内。

て注文を受けてから、新鮮な生のモツから下ごしらえをして串に刺し、それを炭火で焼き上げて出してくれます。魚の刺身などは、注文を受けてから刺身に引いていくのが当たり前のようになっていますが、同じように鮮度が売りもののもつ焼きの場合、なかなかその場で引いてくれるところはないのです。

待ち時間短縮には、誰かの注文に便乗するのも手。「レバお願いします」という注文に、店内からは「こっちも二本」「オレも」と、便乗の声が飛び交います。

煮込みも、トロトロに煮込まれているのに、モツの弾力感は失っていないという、他では味わうことのできない絶品ですが、めったに登場しないこともあって、「幻の煮込み」と呼ばれているのでした。（浜田）

北口を出て右へ。中野サンロードから中野ブロードウェイを抜け、右へ曲り約80m進む。2つ目の交差転を右へ曲り、約30m先の右手。

うなぎ串焼《うなぎくしやき》 川二郎《かわじろう》

うなぎのパーツで酒を飲む！

（上）店内はいつもうなぎ串焼きのファンでにぎわう。（左）かるしうむはビールにぴったり。

ポットから注がれた燗酒を飲みながら、いただくのはうなぎの串焼き。焼き鳥とも、うなぎの蒲焼とも違う美味なる世界がそこにあります。漫画「美味しんぼ」でも紹介された「川二郎」は昭和四十三年創業。今年がちょうど四十周年となります。店内は十席ほどのL字型カウンターの奥に六人ほど座れるテーブル席が一卓という小ぢんまりとした造り。

ほとんどの人がまず注文するのが、うなぎ串焼きの「ひと通り」。ひれ焼、串巻き、八幡巻、ばら焼、きも焼、れば焼の六本が次々に出されます。ひれ焼は、うなぎの背ビレや腹ビレなどをニラと一緒に串に巻きつけて焼いたもの。ヒレという語感から骨っぽいイメージを持つ人もいるかもしれませんが決してそんなことはありません。串巻きは、うなぎの身を縦に細く割いて、くねらせるように串を打って焼いたもの。背中側と腹側では味わいが違うのだそうです。八幡巻は、同

うなぎ串焼《うなぎくしやき》 川二郎《かわじろう》

うなぎ串焼 川二郎

☎ 03-3389-4192

MAP P163 ジャンル うなぎ

㊟ 中野区中野5-55-10 ㊫ JR 中野駅から徒歩5分 ㊢ 17:30～22:00 ㊡ 日曜 ㊞ 16席

北口を出て右へ。中野サンロードに入り、中野ブロードウェイに入る手前の角を右へ。約30m先を左に曲り、次の角を右へ曲った右手。

MENU

名物 **うなぎひと通り**

高清水（1杯）	270円
新政（1杯）	270円
大山（1杯）	270円
金宮（1杯）	240円
ビンビール（大／キリン）	550円
ひと通り（6串）	1120円
うなぎ燻製	800円
かるしうむ（骨から揚）	300円
きも刺し	650円
キャベツ大盛り	200円

ひとこと

うなぎのすべてを余すところなく味わえる名店。

備考・その他

焼酎は3杯まで。うなぎの串焼の店なので、うなぎの串焼を楽しみたい。

（上）うなぎひと通り。（下右）ねじり鉢巻の店主。（左上）うなぎ薫製。（左下）人気のきも刺し。

じく細く割いた身を、スティック状に切ったごぼう数本の周りに巻いて焼いたもの。ごぼうと一緒になることでまた新しい味わいと食感が生まれます。ばら焼は、うなぎの腹骨を、まわりの肉とともにそぎ落として、集めて焼いたもの。腹骨まわりのうまみがギュッと凝縮された串焼きです。きも焼と、れば焼は、きも焼のほうが肝臓以外の内臓全部で、れば焼が肝臓だけを焼いたもの。つまりこの二串が両方そろうと、うなぎの内臓がすべてそろうことになります。

きも刺しや、うなぎの燻製、自家製のお漬物もおすすめの品。仕上げにいただく、うな丼も大人気です。（浜田）

（上）樽酒は、店の奥に鎮座する「千福」2斗樽から注がれる。（左）カウンターの中には囲炉裏があり、うるめいわしなどを炙ってくれる。

路傍《ろぼう》

囲炉裏を囲んで樽酒を

各駅ごとに特徴的な酒場街のあるＪＲ中央線沿線。その中でも、中野駅北側に広がる中野五丁目エリアは、規模的にも内容的にも沿線随一といっても過言ではありません。樽酒「路傍」もそんな中の一軒。昭和三十六年にお母さんが創業した酒場を、息子夫婦が守ります。Ｊ字カウンター十席ほどだけの店内は、カウンターの中に炉が設けられていて、季節の野菜や干物などを炙ってくれるのです。

看板にも樽酒と書かれているとおり、カウンターの付け根のところには、「千福」の二斗樽がでんと鎮座しており、これを片口にとって一合升に注いでくれます。別の小皿で赤穂の天塩が添えられますが、軽い味わいの「千福」は、つまみがなくてもすいすいと入ってきて、知らぬ間に飲み過ぎてしまうという危ないお酒です。

つまみは店の奥の壁にずらりとならんだ短冊の中か

北口を出て右へ、横断歩道を渡って中野サンロードに入り、まっすぐ進む。中野ブロードウェイに入る手前の角を右へ。約30m先の左手。

路傍《ろぼう》

✆ 03-3387-0646

MAP P163 ジャンル 老舗

㊟ 中野区中野5-55-17 駅 JR中野駅から徒歩5分 営 18:00～24:00 休 日曜、祝日 席 9席

M E N U

名物 樽酒

千福 樽酒（1合）	800円
千福 熱燗用（1合）	500円
ビンビール（中／キリン）	800円
ウイスキー（ダブル／ニッカ）	800円
うるめいわし	500円
油揚げ	400円
キミの玉手箱	800円
自分で焼く焼そば	1500円
本日の煮物	400円

ひとこと

「千福」の樽酒に合わせるのは、自然の素材を活かした料理。できあいのつまみは使わない。

備考・その他

夏日には炭を熾さない日もある。

（左）囲炉裏のまわりで広がる話の輪。（下左上）油揚げ。（下左下）カウンター上に置かれた自然の素材。（下右）樽酒とうるめいわし。

ら選ぶか、目の前のカウンターの上に並べられた食材を見て選びます。短冊に並ぶのは、はんぺん、おとうふ、油揚げ、たたみ、煮こごり、ししゃも、もずく、とんぶり、おしんこなどなど。自然を愛する店主夫婦が、自然の恵みを活かしたつまみを出すというスタイルをとっているので、できあいのつまみなどは使いません。

話題の豊富な店主夫婦を筆頭に、常連さんたちも話上手な人たちばかり。一見さんでも、ふと気がつくとすっかり話の輪に巻き込まれてしまっているという、まるでサロンのような酒場なのです。（浜田）

和酒バー　しもみや《わしゅばー　しもみや》

地酒ファン必訪！
本格的な日本酒バーで至福の時間を

全国の地酒が揃っているので、初めてのお客さんは迷ってしまうが、そんな時には気楽にマスターに相談すると良い。

飲み仲間から、東中野に本格的な日本酒バーがあると聞き、早速案内して貰った。東中野はアド街でも取りあげられるほどのエリアだが、東中野駅の南口方向に出て、住宅街の方向に暫く歩くと、右側の方向にネオンサインが見えて来た。少し階段を上ってお店に入る。

日本酒バーとは言え、店内の照明は明るく、品の良さと落ち着いた雰囲気が感じられて気持ちが良い。バーと表示している通りカウンター席が十席ほどの店なので、大人数で宴会をやるような店ではないが、女性の一人客やカップル客が多く、店内は華やいだ感じがして良い。カウンター席に座り、まずはメニューを見て何を飲むか考える。ほぼ全県の地酒が揃っているではないか！　これだけあると正直迷ってしまう。う〜ん、どうしようかな？　あれ？　利き酒セットがあるぞ。月替わりで三種類の地酒を少しずつ飲み較べるセ

東口の南出口を出て、コンビニの角を右へ。道なりに約200m進んだ右手。

和酒バー　しもみや《わしゅばー　しもみや》

☎ 03-3363-7878

MAP P163　ジャンル 日本酒バー

㊟ 中野区東中野1-52-18 クアハウス1F　㊫ JR東中野駅から徒歩3分　㊎ 平日、土曜18:00～翌2:00　日曜、祭日18:00～翌01:00　㊡ 第1、4水曜　㊫ 10席

MENU

名物 種類豊富な日本酒

龍神 槽掛けしぼり荒走り（1合）	1200円
群馬泉 初しぼり（1合）	1500円
結人 純米吟醸 無濾過（1合）	1200円
長珍（1合）	1300円
十右衛門（1合）	1200円
栃尾の油揚げ	700円
泉州の水茄子	600円
メジマグロの刺身	2000円
和牛のたたき	1000円
チーズの盛り合わせ	1000円

ひとこと

マグロ料理と日本酒の揃いが素晴らしいお店。

備考・その他

味の濃い酒には味の濃い料理というように、酒と料理との組み合わせを愉しみたい。ウェブサイト http://www17.ocn.ne.jp/~simomiya/

（上）マグロの刺身、和牛のたたき。正一合の日本酒と栃尾の油揚げ。（左）盃は自分の好みのものを選んで飲める。

ットだ。どれも魅力的なセットだぞ。

それでは、今回はAセットにしてみよう。お好みの盃を選び、たっぷりとお酒が注がれる。そして、暫くの間一升瓶をテーブルの上に置いておいてくれる。そう、じっくりと瓶を見て、ラベルを観察したい人へのサービスなのだね。まずは、秋鹿から一口飲む。旨いっ！　芳醇なお米の香りが堪らない。純米酒らしいお酒だ。アテのれんこんのきんぴらとの相性も抜群だ。生マグロの刺身や地鳥の刺身、チーズ、酒盗など日本酒のアテには欠かせない。日本酒バーとは言え、料理メニューがかなり充実している。これなら梯子をしないで最後にうどんかお茶漬けで締めるのもオツかもしれないなあ。（石原）

(上)真剣な表情で焼き台に向かう店主。営業時間中は外のテーブル席までいつも満員の店内。

やきとん《やきとん》　秋元屋《あきもとや》

新世代大衆酒場の雄

駅前の商店街から一本路地を入った奥にあるこのお店。平成十六年創業の新しいお店ながら、すでに沿線屈指の、それどころか都内屈指のもつ焼きの名店と言われるほどになっています。店主の秋元さん自身が、無類のもつ焼き好き、大衆酒場好きで、今でもいろんな酒場を飲み歩いているほど。その店主が、自分の好きな酒場それぞれのいいところを、真似て、真似て、真似て。その真似が重なり合って、さらに独自の工夫が加えられていくうちに、今までどこにもなかった、独創的な大衆酒場ができあがってきたのです。

　店内はカウンター十五席をメインに、店の表のテラス席に十席ほどに、奥の間に十席ほどの合計三十五席ほど。いつも満席になるこの客席を切り盛りするスタッフは、カウンター三人、表一人、奥二人の合わせて六人。つまりお客さん五〜六人に対して、スタッフが一人という圧倒的なスタッフ密度を誇ります。酒や肴

駅を出て左へ、約20m進み、最初の角を左に入る。さらに約30m進んだ左手。

やきとん《やきとん》　秋元屋《あきもとや》

☎ 03-3338-6236

MAP P162　ジャンル もつ焼き

㊟ 中野区野方5-28-3　㊫ 西武新宿線野方駅から徒歩2分　㊕ 火曜～金曜17:00～24:00（L.O.23:30）　土曜16:00～24:00（L.O.23:30）　日曜、祝日16:00～22:00（L.O.21:30）　㊡ 月曜　㊢ 40席

MENU

名物 もつ料理各種

菊正宗（1合）	300円
キンミヤ焼酎梅割り（1杯）	300円
酎ハイ（1杯）	380円
生ビール（中／サッポロ）	530円
ホッピー	380円
もつ焼き各種	100円
レバ刺し	350円
チレ刺し	300円
ガツ酢づけ	200円
キャベツみそ	100円

ひとこと

大衆酒場好きの店主が、自分の理想とする酒場を作り上げた名店。

備考・その他

席料100円。お子様の入店は不可。予約は不可で、来店の早い順。

（上左上）味噌ダレのやきとん。（上左下）もつ煮込み。（上右）もつの刺身や、やきとん、飲み物は種類も豊富。（下）人気のチレ刺し。

の味や値段もさることながら、実はこの圧倒的なスタッフ密度こそが「秋元屋」の真骨頂だろうと私は思っています。これまた、いろんな酒場に通い詰めた店主が、その体験から導き出した結論に違いありません。どんなに混んでいても、いつでもすっと注文が通って、てきぱきと処理されるということは、酒場にとって非常に重要な「居心地の良さ」をもたらしてくれるのです。

今もまださらなる進化が止まらない「秋元屋」。新しい時代の大衆酒場の雄として、これからも飲みに行くのが楽しみです。（浜田）

（上）店主おすすめの厳選された日本酒が迎えてくれる。（左）ホタルイカ沖漬け。

善知鳥《うとう》

自家製の塩辛で頂く厳選日本酒

阿佐ヶ谷駅北口スターロードの奥の路地に、ひそかに灯る障子越しの照明と縄のれん。美味しい日本酒が飲める店の多い阿佐ヶ谷でも随一の日本酒の店が、ここ「善知鳥」です。店主の今さんは、その善知鳥が県鳥である青森県のご出身。とにかく日本酒が好きでこの店を開いたのだそうです。その徹底振りは、一見さんと思しきお客さんがいらっしゃると「うちには日本酒しか置いていませんがいいですか」と確認するほど。店内はL字型七～八人分のカウンター席と小上がりに二卓だけの小さな店ながら、いつも日本酒ファンでにぎわいます。特に燗酒は、徳利をなんども両手で包み込むようにしながら燗の温度を確認し「どうぞ」とていねいに出してくれるもの。絶妙な温度でつけられた燗酒を口に含むと、口の中いっぱいに、そして鼻腔の奥から味や香りがふくらんできます。生原酒を燗でいただくと、今度は燗をつけた後で、その徳利から片口

善知鳥《うとう》

✆ 03-3337-8734

MAP P162　ジャンル 銘酒居酒屋

㊟ 杉並区阿佐谷北2-4-7　㊕ JR阿佐ヶ谷駅から3分　㊤ 18:30～22:30(L.O.22:00)　㊡ 日曜、月曜の祝日　㊛ 11席

北口を出て左の線路沿い商店街を進み、突き当たりを右折。次の角を左折し、すぐ右折した左手。

(上左上)毎夜酒好きが集うカウンター席。(上左下)ホヤ塩辛。(上右)小上がりのテーブル席。(下)日本酒に合う珍味類がずらりと揃う。

にツツゥ〜ッと燗酒を移して出してくれます。まるでワインのデキャンタージュのようですねぇ。「口開けでちょっと硬い感じでしたので」と店主。なるほど、こうすることで硬さがとれるんですね。明らかに変わる味わいにびっくりです！

カウンター正面の壁に張り出された料理のメニューがまた素晴らしく、ズワイ内子、海老味噌、苦うるか、鯛腸塩辛、莫久来、海鼠腸、鮑酒盗、ちゅう、めふん、などなど、呑ん兵衛好みする品々のオンパレードです。しかも、そのほとんどが自家製。日本酒をより美味しく飲ませてくれるベストパートナーたちなのです。(浜田)

MENU

名物 日本酒

雁木(純米無濾過生原酒)	800円
鯉川(特別純米)	700円
長珍(純米無濾過)	900円
喜久酔(特別純米)	800円
天穏(純米)	800円
ホタルイカ沖漬け	600円
生カラスミ	1300円
牡蠣塩辛	900円
ホヤ塩辛	800円
大山豆腐(一日四名様限定)	700円

ひとこと

徹底的に日本酒を味わう、日本酒バーとも言える名店。

備考・その他

携帯電話使用禁止。カード使用不可。酔っぱらいお断り。タバコは喫煙所に限りOK。

川名《かわな》

店主の一所懸命が伝わる名店

（上）店頭ではお土産用の焼き鳥も売っている。（左）豚煮込みは、豚ナンコツに野菜がたっぷり。

ＪＲ中央線阿佐ヶ谷駅から歩いて一〇分ほどかかる商店街の中、コンビニの向かい側に、ポツンと一軒の焼鳥屋。店頭でお土産用の焼き鳥も売っていて、商店街の中でよく見かけるタイプの、ごくごく普通の焼鳥屋さんに見えるのですが、どっこいこれが営業時間中はいつも満員状態が続く名酒場なのです。焼鳥屋さんなので、焼き鳥があるのはもちろんのこと、おすすめなのは、毎日、店内のホワイトボードに手書きされる魚介類や野菜類。特に魚介類は、まるで鮨屋さんのように、カウンター上の冷蔵ガラスケースに並べられています。

店内は、カウンター七席に、四人掛けテーブル席が三卓。それとは別に、奥に小上がりの座敷部屋があり、そちらにも四人掛けが四卓。都合三十五席ほどの店内にやってくるお客は老若男女色とりどり。この客層の幅広さが人気のほどを物語っています。

川名《かわな》

☎ 03-3339-3079

MAP P162 ジャンル 焼き鳥

㊟ 杉並区阿佐谷北3-11-2 ㊫ JR阿佐ヶ谷駅から徒歩5分 ㊪ 16:00～23:00 ㊡ 月曜、火曜 ㊢ 約35席

北口を出て、大通りを北へ。左手のモスバーガー脇の路地へ入り、すぐに右へ。直進し、郵便局のさらに先の左手。

MENU

名物 焼き鳥、もつ焼き

ビンビール（大／サッポロラガー）	462円
酎ハイ各種	336円
ホッピーセット	336円
黒牛（1合）	462円
角玉（芋焼酎／4合）	3465円
トマト玉子焼き	399円
豚煮込み	252円
ニュートンセット（豚串6本）	609円
チキンセット（鳥串5本）	504円
焼き鳥丼	609円

ひとこと

店主の一所懸命さが伝わってくる大衆酒場。

備考・その他

お酒類は1人4杯まで。泥酔の方は入店お断り。飲み過ぎたお客さんには料理や飲み物は一切出さない。楽しく飲んでいただきたい。

（上）いつも老若男女でにぎわう店内。（右）壁にはずらりと短冊メニューが並ぶ。（下右）トマト玉子焼き。（下左）ニュートンセットとチキンセット。

店主の性格を一言で表すと「一所懸命」。カウンターの中で料理に向かっているときも、お客さんに接するときも、プライベートのときも、町内会の仕事だって引き受ければとにかく一所懸命なのです。そんな性格なので、いい加減な態度のお客さんは許せない。たとえ常連さんであっても、酔っ払い過ぎているとみると、スパッと「今日は帰った方がいいよ」と言い渡します。だからここには酒場でありながら変な酔っ払いはいません。そのことがまた、とてもくつろぎやすい空間を提供してくれているのでした。

あ、そうだ。すぐに売り切れてしまう豚煮込みも、他の店では味わうことができない、おすすめの一品です。（浜田）

(上)注文を受けてから焼き台で焼き上げられるイカなんこつ焼き。(左)人気のホッピーはナカ(焼酎)だけのおかわりが可能。

やき屋《やきや》

新鮮なイカ料理が一七〇円均一

荻窪駅北口にポツリと残った、戦後の闇市の名残が残る商店街。その一角に八戸直送の新鮮なイカ料理の数々が一七〇円均一で食べられる立ち飲みの「やき屋」があります。女将さんと、カウンター内で調理を担当する店長のゲンさんのふたりで切り盛りするこの店は、平成十一年七月創業という、まだ比較的新しいお店ながら、数多くの常連さんたちに愛されて、すでに老舗の風格を醸し出しているのです。

イカ刺しや、自家製のイカ塩辛などももちろんですが、冬だけ出されるイカ大根は、黒く透き通るくらいまで煮込まれた大根が、イカ以上にイカらしい風味を含んでいて、他では味わうことができない絶品です。イカの足の上部にあるコリッとした身の部分をタレ焼きにしたイカなんこつ焼きや、イカ下足をイカワタで和えた珍味ワタ和えなども、この店ならではのイカ料理です。イカ料理以外にも、人気のお新香や、みそキ

やき屋《やきや》

✆ 03-3398-7697

MAP P163　ジャンル 立ち飲み

㊟ 杉並区上荻1-5-6　㊍ JR荻窪駅から徒歩2分　㊎ 16:00～23:00　㊡ 日曜　㊞ 約20人

北口を出て、ロータリーを右折。少し進み、左手角にあるすし屋の路地を左折。さらに少し進んだ右手。

MENU

名物 イカ料理

ホッピー	320円
生ビール	400円
ウーロンハイ	300円
レモンサワー	300円
にごり酒（1合）	270円
みみ刺身	170円
なんこつ焼き	170円
自家製塩辛	170円
珍味わたあえ	170円
しめさば	220円

ひとこと

名物のイカ料理は全品170円というイカ料理が自慢の立ち飲み屋。

備考・その他

特になし。

（左）珍味わたあえ。燗酒は徳利と猪口で出される。（下）いつも大勢のお客さんでにぎわう店内。

ュウリ、もつ煮込み、刻み穴子、うなぎ肝焼き、冷奴、シメサバなどのメニューがあり、飽きることがありません。飲み物は、私は日本酒をもらうことが多いのですが、全体的に見るとホッピーの人気が高いようです。

飲んで食べても千円ほどしかかからないという安価な立ち飲み店ながら、いい店に共通する凛とした緊張感を保っているのも、この店のいいところ。この緊張感があまりあり過ぎると落ち着かないし、なさ過ぎると店の雰囲気がだれて、これまた居心地が悪くなってしまう。こうやって、ちょうどいい緊張感を保ち続けるのが名店なのです。（浜田）

（上）名物の焼きトン。（左）牛モツの煮込み。

あべちゃん

あべちゃん

麻布セレブ御用達の焼きトン屋、下町感覚が堪らない魅力！

麻布十番は、山の手と下町が混合した不思議な感覚の街だ。超高級車でお買いものに来るセレブなマダム達が、あべちゃんの焼鳥や煮込みをいかにも手慣れた感じでテイクアウトしていくのを見かける事が出来る。そう、この店は数あるお店の中でも老舗中の老舗なのだ。毎年八月の下旬に開催される麻布十番祭りの際には、長蛇の列が出来るのが普通だ。

実は、この店の煮込みは他の居酒屋の煮込みと大きな違いがあって実に面白い。それは味付けが思い切り甘い。牛のシロモツを長時間ザラメ（砂糖）を使って煮込むと、甘くて味わい深い煮込みが完成する。塩っ気が多い料理を好む左党の人でもこの店の煮込みが好きな人が多い。かくいう私もそうだ（笑）。お店に行くと、ビールを飲みながら、まずこの煮込みを食べるのだが、不思議とビールが進む。この後焼きトンを食べるが、タレ味は当然甘めの味付けとなっていて、こ

4番口を出て右の通りを約100m進む。コーヒー店の向かい、通りの左手。

あべちゃん

あべちゃん

✆ 03-3451-5825

MAP P159 ジャンル もつ焼き

㊟ 港区麻布十番2-1-1 あべビル ㊕ 東京メトロ麻布十番駅から徒歩2分 ㊢ 15:00～22:00 L.O.（土曜、祝日はつまみがなくなりしだい終了） ㊡ 日曜 ㊛ 約50席

MENU

名物 煮込み、焼きトン

芋神（1合）	450円
ビンビール（中／サッポロラガー）	570円
生ビール（中／サッポロ）	520円
レモンサワー	400円
瓶出し紹興酒（1杯）	500円
牛モツ煮込み	550円
焼きトン（1串）	160円
ミミガー	450円
白菜キムチ	450円
新鮮キャベツ	300円

ひとこと

麻布十番にあって下町感覚の老舗。お昼のランチもオススメ。名物の煮込みと焼きトンを食べることができる。

備考・その他

焼きトン、焼きトリは2串からの注文で。

（上）ビールと煮込みと焼きトンとキャベツ。定番である。（下）長い年月を経て今の味になっているタレ。

れがまた実に美味しい！
　料理の種類は焼きトンが中心でそれほどいろいろある訳ではないが、この名物煮込みで一杯やりながら、焼きトンや手羽焼きなどを頬張るのが気持ち良い。もし甘い味付けに舌が疲れてきたら、生キャベツやお新香などをちょいとつまむのもお薦めなのだ。あと、嬉しいことに名物の煮込みと焼きトンはお昼のランチでも食べることが可能である。それもたった六五〇円！
　ご飯と小鉢、お吸い物に煮込みがセットになっていて、この甘い味の煮込みがご飯に合う。欲張りな人は、焼きトン丼と煮込みがセットになったものがあるので、是非そちらもお薦めである。（石原）

たけちゃん

本場大阪スタイルで、串かつを提供

ぷりぷりの海老は定番メニュー。紅しょうがは、記憶に残る逸品。こんにゃくの素揚げも洗練された調理法だ。

店は田町駅から徒歩二、三分とアクセス良好。人の往来盛んな慶応仲通りに面している。

看板メニューの串揚げは、大阪平野の本店から暖簾分けというだけあり、全てが本格的な大阪スタイル。東京風にデチューンされていると思ったら大間違いだ。カウンター越しに調理場を覗けば、味わいを競い合うかの如く、丁寧に下準備された素材が並ぶ。先ずはもち豚、エビ、キスなど定番の品を頂いたが、極薄の衣をまとった串揚げは、素材と渾然一体と化し極めて美味。生地のサクサク感も上質で、これなら何本でも食べられそうだ。伺えばパン粉の選択や生地に忍ばせた山芋など、ナルホド随所に本店（大阪平野）仕込の技が活かされているらしい。

続く好物のエビはやや高めの二一〇円。どのメニューにも共通するが、厚着で容姿をカバーといった偽装は皆無に等しく、ズバリ「サイズ＝本体」といえるの

西口を出て第一京浜を渡り、目の前のローソン脇の道をまっすぐ進む。そのまま細い路地に入ると右手。

たけちゃん

たけちゃん

✆ 03-3451-0488

MAP P148　ジャンル 立ち飲み

㊟ 港区芝5-20-19　㊍ JR田町駅から3分　㊄ 16:30～22:30（L.O.22:00）
㊡ 土曜、日曜、祝日　㊑ 32席

MENU

名物 大阪スタイルの串揚げ

生ビール（中／キリン）	420円
ビンビール（大／キリン、アサヒ）	550円
日本酒（1合）	420円
サワー各種	300円
どてやき	110円
ねぎま	210円
えび	210円
こんにゃく	110円
お得なおまかせセット	8本1050円

ひとこと

本場大阪スタイルを真似する店は多かれど、ここまで本格的な味には出会ったことがない。

備考・その他

テーブル席に限り初回オーダーはお一人様につき、お好きな串5本以上、又は、おまかせセットを注文。ソース2度漬け禁止。

整然と並ぶ串、串、串。彩りも鮮やかな憎い演出で、我等を待ち受ける。自家製ソースも立役者だ。

だ。エビはプリプリの食感で、こいつはむしろ安いとさえと感じた。

異色なのが素揚げと称する、素材を衣無しで揚げる手法。その手合いと対するのは初めてだ。では……と、蛸、こんにゃくと頼んでみたがこれが香り豊かで旨い！　定番の品がかくも変化しようとは驚いた。こうした手法が未だ都内で広まらないとは、宝の持ち腐れじゃなかろうか。

食し方もあれこれレクチャー受ける事なく、好みでソースか塩かとセレクトしながら、自由気ままに食せる点も素敵♪　俄かブームに乗り「これが串揚げだ」と確信している店も多く見受けるが、ここ「たけちゃん」は明らかに別格と断言したい。（藤原）

牧野《まきの》

捌きたての穴子は、テーブルに到着してからも、ピクピクと動き続ける。その姿はいかにも精がつきそう。

江戸の昔を今に伝える、東海道近くの優良店

東海道五十三次の面影を残す北品川〜新馬場界隈は、江戸時代まですぐ近くに海岸線が広がる海辺の街であった。そのため、漁業で生計を立てていた人も多く、その名残から、いまだに良質な海産物を提供するお店が多い穴場スポットとなっている。特に、豊穣な東京湾の恵みを材料にする店が多く、その中の真打的な存在なのがこちら「割烹　牧野」である。

「割烹」の名に恥じない豊富なメニューに目を奪われてしまいがちだが、このお店にきたらぜひとも押さえておきたいのが、〝活穴子の踊り焼〟である。入り口脇の生簀で先ほどまで元気に泳いでいた穴子をさばいて、すぐに供されるため、皿の上では透き通った身がピクピクと跳ねうごく。その生命力に驚かされながら、皮目から炭火で焼くと、踊り焼のメニュー名のまま、身悶えするかのように身がしまり、香ばしさを解き放つ。わさび醤油でいただくと、嫌な脂臭さは一切なく、

北口を出てすぐにある新馬場商店街を歩いて約2分。店の前のいけすが目印。

まきの

牧野

☎ 03-3471-3797

MAP P158　ジャンル 割烹

㊟ 品川区北品川2-19-2　駅 京急新馬場駅から徒歩2分　営 平日17:00〜23:00（L.O.22:30）土曜17:00〜22:00（L.O. 21:30）　休 日曜　席 55席

MENU

名物 **活穴子の踊り焼き**

- 緑川「雪洞酒 緑」（720ml）…3500円
- 綿屋（720ml）…3500円
- 越乃景虎（720ml）…3000円
- 出羽桜「出羽燦々」（720ml）…3300円
- 八海山（720ml）…3650円
- 活穴子の踊り焼き…1650円
- 刺身盛り合わせ（5点盛り）…2500円
- いか肝のホイル焼…500円
- ポテトサラダ…650円
- 活けダコの踊り焼き…1300円
- 牧野御膳コース（お通し、その日の菜物、特選お造り盛り合わせ、ふぐの唐揚げ、活穴子の踊り焼き、活車海老の踊り焼き、その日の煮物、ふぐ雑炊）…4700円

ひとこと

旧東海道で新鮮な江戸前活穴子を食べられる優良店。

備考・その他

「ふぐを食べながら、安くて美味しいつまみもつまめる大衆割烹を目指したい」とは店主談。なお、コース料理の予約は前日まで。

（上）活穴子の刺身（900円）。鮮度抜群の魚の品揃えもこの店の自慢の一つ。そんな魚に合う、日本酒・焼酎の品揃えも抜かりなし。

さっぱりとしていながら穴子の力強い旨みがストレートに伝わってきて、いかにも精力がつきそうだ。

魚の鮮度の良さにも定評があるので、刺身も是非試して欲しいが、刺し盛りでオーダーすると圧倒されそうな分量がど・ど〜んと登場して、懐具合に思いが至ってしまうこと請け合い。でもそんな心配はご無用。出される魚の質や量とは裏腹に、お会計は居酒屋並みで、お財布に優しいのもこのお店の大きな魅力の一つである。日本酒、焼酎も数多く揃えており、思いっきり飲んで食べていただける貴重な一軒だと断言できる。

冬場はフグやアンコウなどの鍋もあり、さらに魅了度がアップ。多少遠くからでも、足繁く通う価値ありお店である。（小関）

丸富《まるとみ》

お父さんが子供にかえる鰻の串焼き！

♪幸〜せって、なんだっけ？　なんだっけ？♪

若かりし日の明石家さんまがCMソングを通じて問いかけたこの問いに、迷うことなく答えられるだろうか？　もし、即座に答えられないとしたら、ここ「丸富」にその答えがあるかも!?

京急青物横丁駅から徒歩約三分のこの店の目印は、ダクトから流れ出てくる鰻の香り。逸る胃袋を押さえつつ、ガラス戸越しに店内を覗き込むと、いい年をしたお父さん達が、同好の士とまるで子どものような無邪気な笑みを湛えて、語らいあっているのが目に入る。

決して広くはない店内で、コの字のカウンターに肩寄せあい、コップ酒を片手に口に運んでいるのが、お父さん達の笑顔の素・鰻の串焼きだ。蒲焼を短冊状に串に刺した〝串焼〟、内臓一式を串に刺して焼いた〝きも焼〟、むこう骨をひれで包んだ〝ひれ焼〟と、三種ある串焼きは、注文が入るごとに焼き上げ、甘辛濃厚

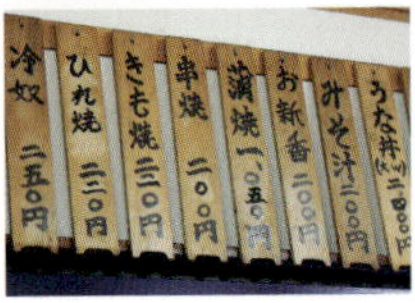

とりあえず、串焼き・きも焼き・ひれ焼きの3種は必修課題。2周り目からは、お好みの串をアンコールしてみては!?

まるとみ
丸富
☎ 03-3474-4382

MAP P158 ジャンル うなぎ

㊟ 品川区南品川3-6-2　㊪ 京成青物横丁駅から3分　㊫ 昼11:00～14:00 夜16:30～19:30　㊡ 日曜、祝日（水曜、土曜は昼のみの営業）　㊢ 11席

駅からバス通りに沿って右へ。旧東海道を横切った先、右手。

うな丼は鰻の大きさによって値段が異なる。お持ち帰りも可能なので、たまにはお土産に買って帰るのもいいのでは!?

MENU

名物 うなぎ串

日本酒（1合）	280円
ビンビール（大／アサヒ）	580円
うな丼	1300円～
鰻蒲焼き	1050円～
串焼	200円
ひれ焼（数量限定）	220円
きも焼	220円

なタレが一段と濃度を増し、酒飲みの琴線に触れる仕上がりとなる。

他のメニューは、お新香・奴・味噌汁だけだが、持ち帰りOKの鰻丼もあるので、家へのお土産を買って帰るのもいいかも!?

残念ながら、この店で串焼きが食べられるは、夕方四時三十分から七時三十分までの僅か三時間。慌てて会社を出ても、間に合わない人も多いだろう。そんな人には、思い切って「丸富」休暇をとって出かけることをお薦めしたい。早い時間には一日五本限定の〝レバー焼〟もあり、英気を養うにはもってこいだ。

たまには、そんなお休みをもらってもいいのでは!? 一生懸命働いてるんだもの。（小関）

ひとこと

旧・東海道ほど近く、風情漂う鰻串焼の名店。

備考・その他

アルコールは夜の部のみ。

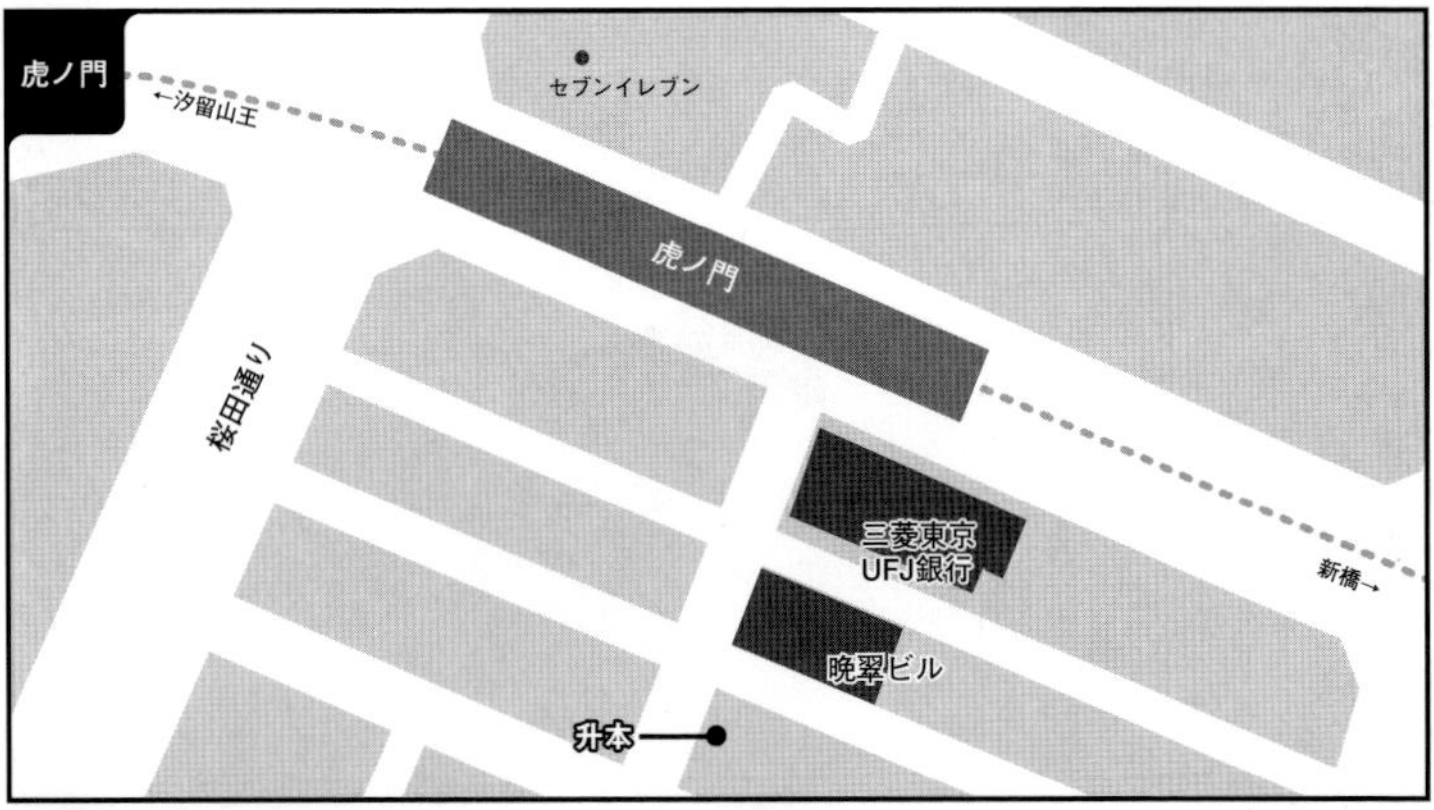
虎ノ門
←汐留山王
セブンイレブン
虎ノ門
桜田通り
三菱東京
UFJ銀行
晩翠ビル
升本
新橋→

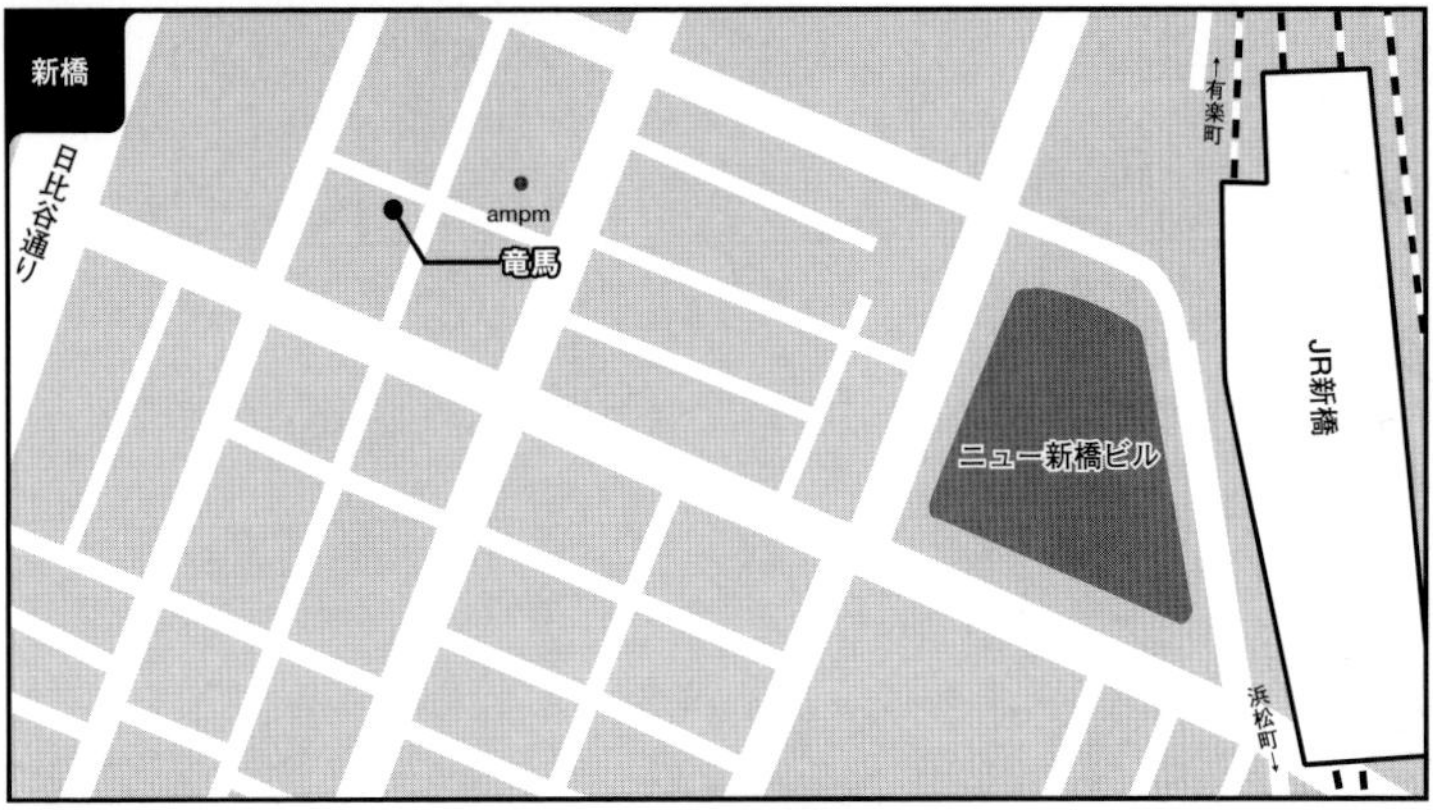
新橋
日比谷通り
ampm
竜馬
↑有楽町
ニュー新橋ビル
JR新橋
浜松町↓

浜松町
↑有楽町
↑有楽町
秋田屋
←芝公園
大門
汐留→
世界貿易
センタービル
JR
浜松町
三田↓

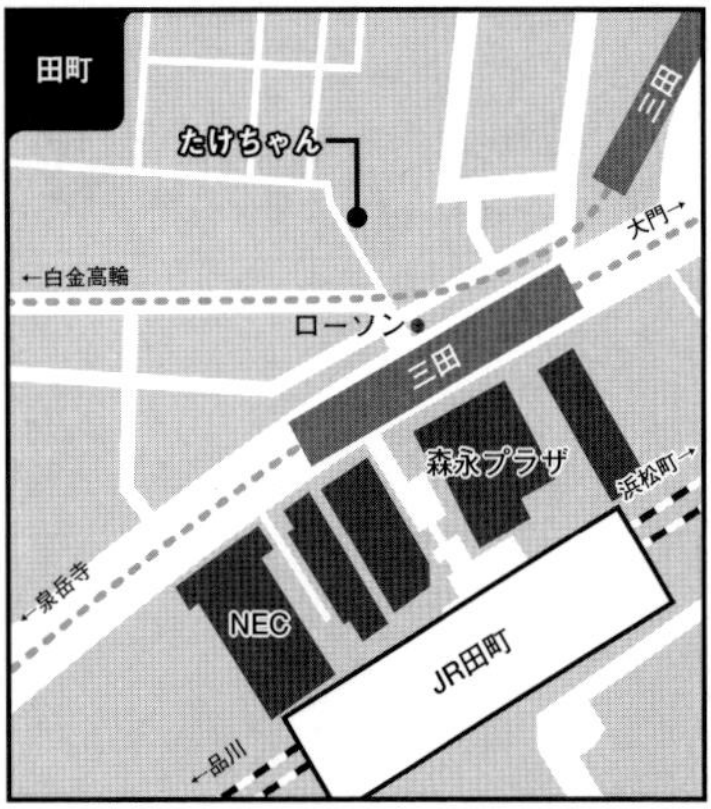
田町
三田
たけちゃん
大門→
←白金高輪
ローソン
三田
森永プラザ
浜松町→
←泉岳寺
NEC
JR田町
←品川

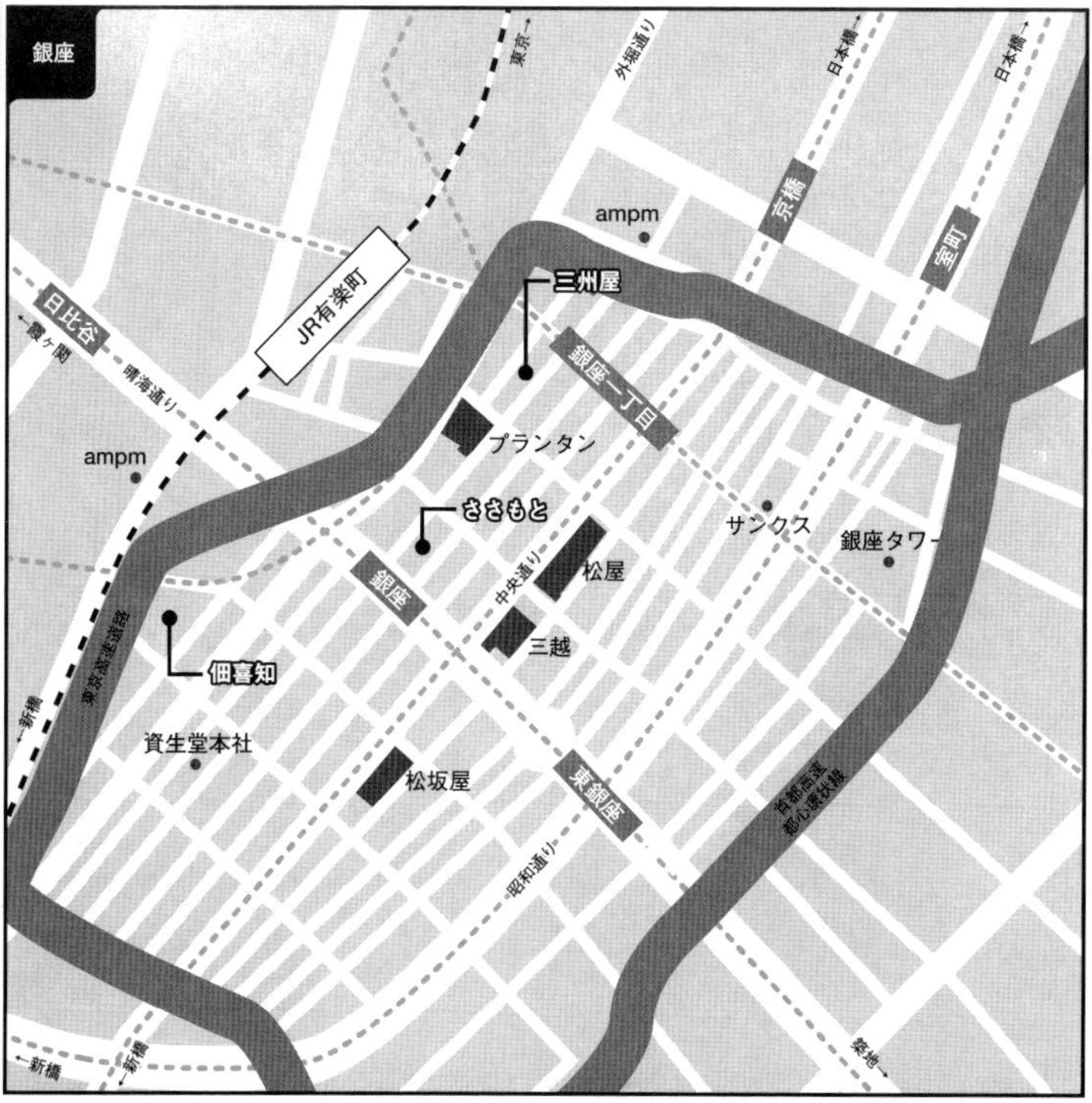
銀座
東京→
外堀通り
日本橋→
日本橋→
ampm
京橋
宝町
三州屋
JR有楽町
日比谷
霞ケ関
晴海通り
銀座一丁目
プランタン
ampm
ささもと
サンクス
銀座タワー
中央通り
松屋
銀座
三越
佃喜知
東京高速道路
←新橋
資生堂本社
松坂屋
東銀座
首都高速都心環状線
昭和通り
築地→
←新橋
←新橋

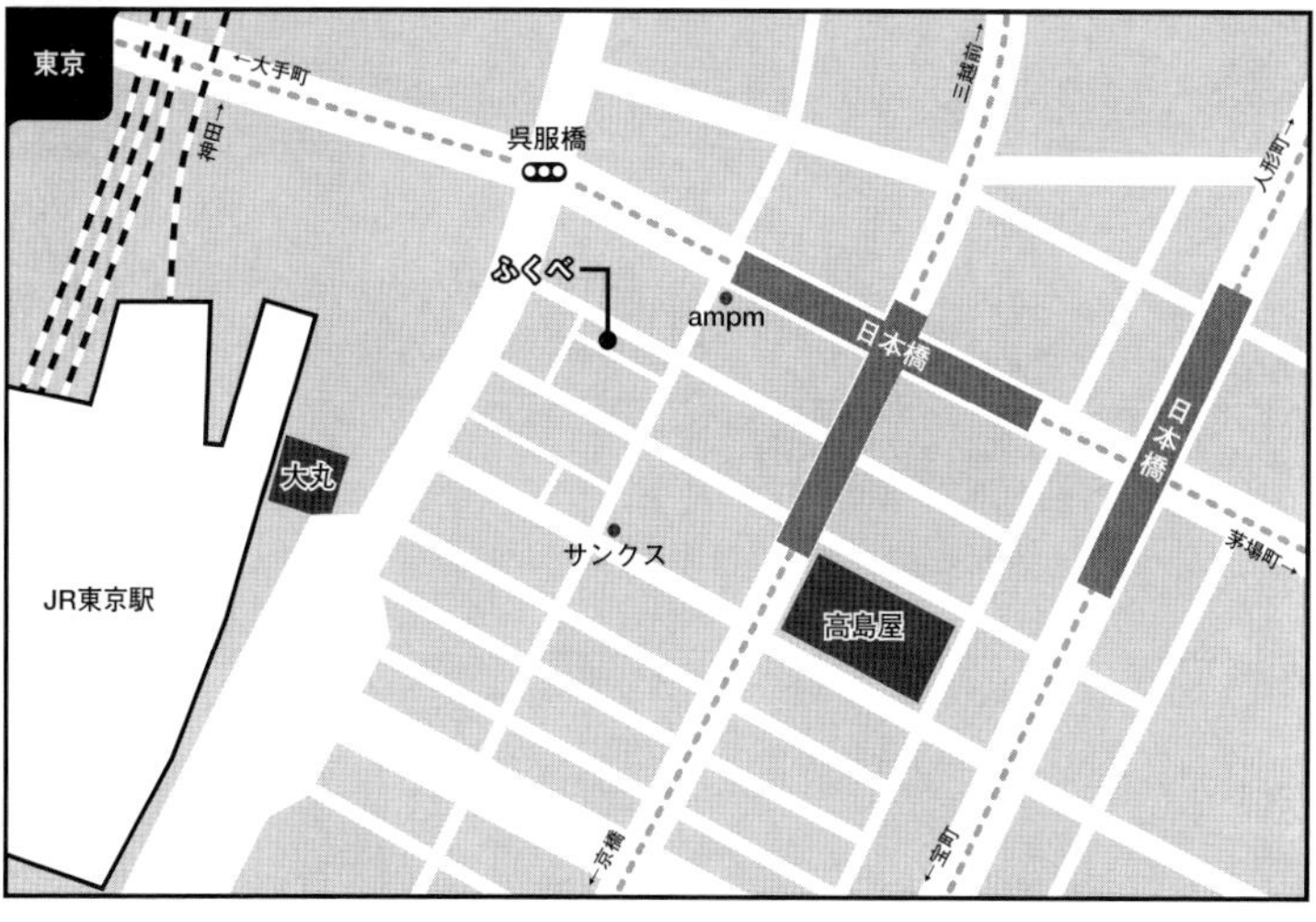
東京
←大手町
神田
呉服橋
三越前
人形町→
ふくべ
ampm
日本橋
日本橋
大丸
サンクス
茅場町→
JR東京駅
高島屋
←京橋
←宝町

築地
八丁堀→
築地
エネオス
←東銀座
築地本願寺
セブンイレブン
やまだや
隅田川

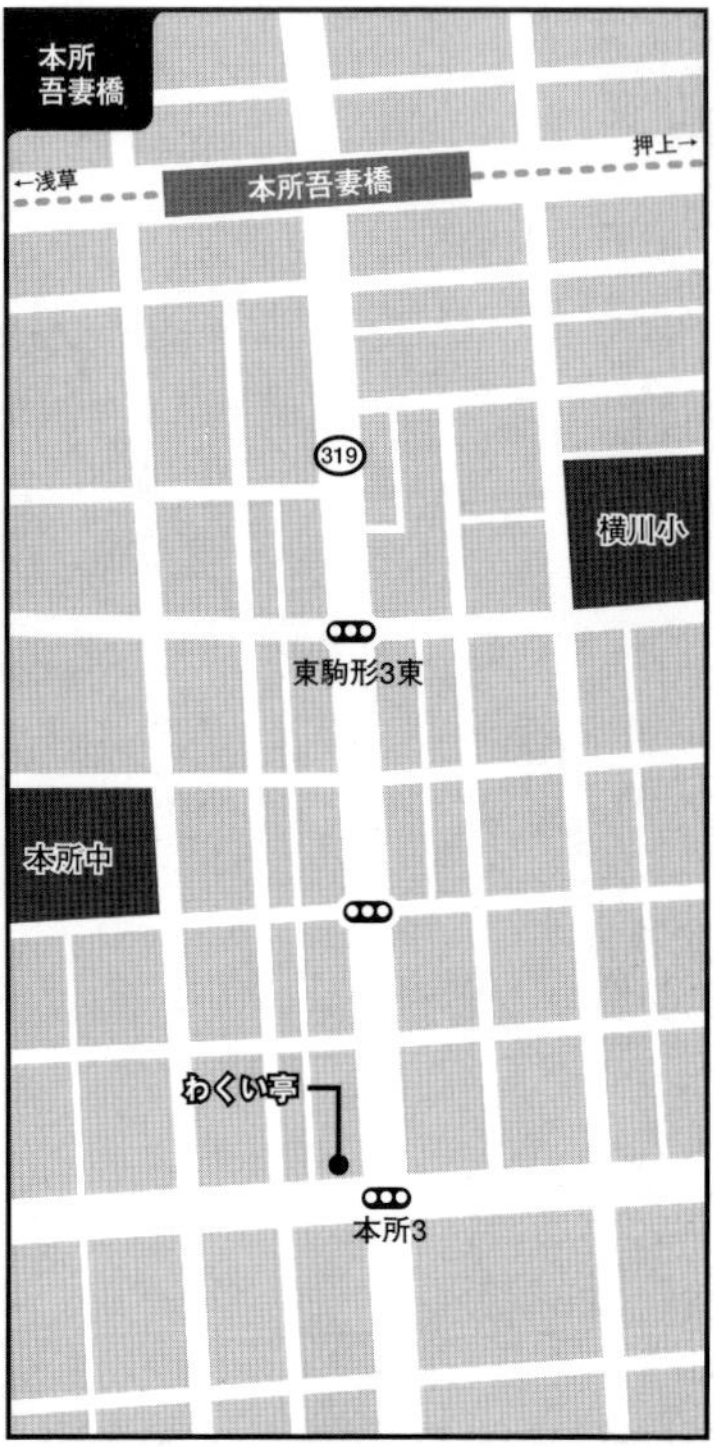
本所
吾妻橋
押上→
←浅草
本所吾妻橋
319
横川小
東駒形3東
本所中
わくい亭
本所3

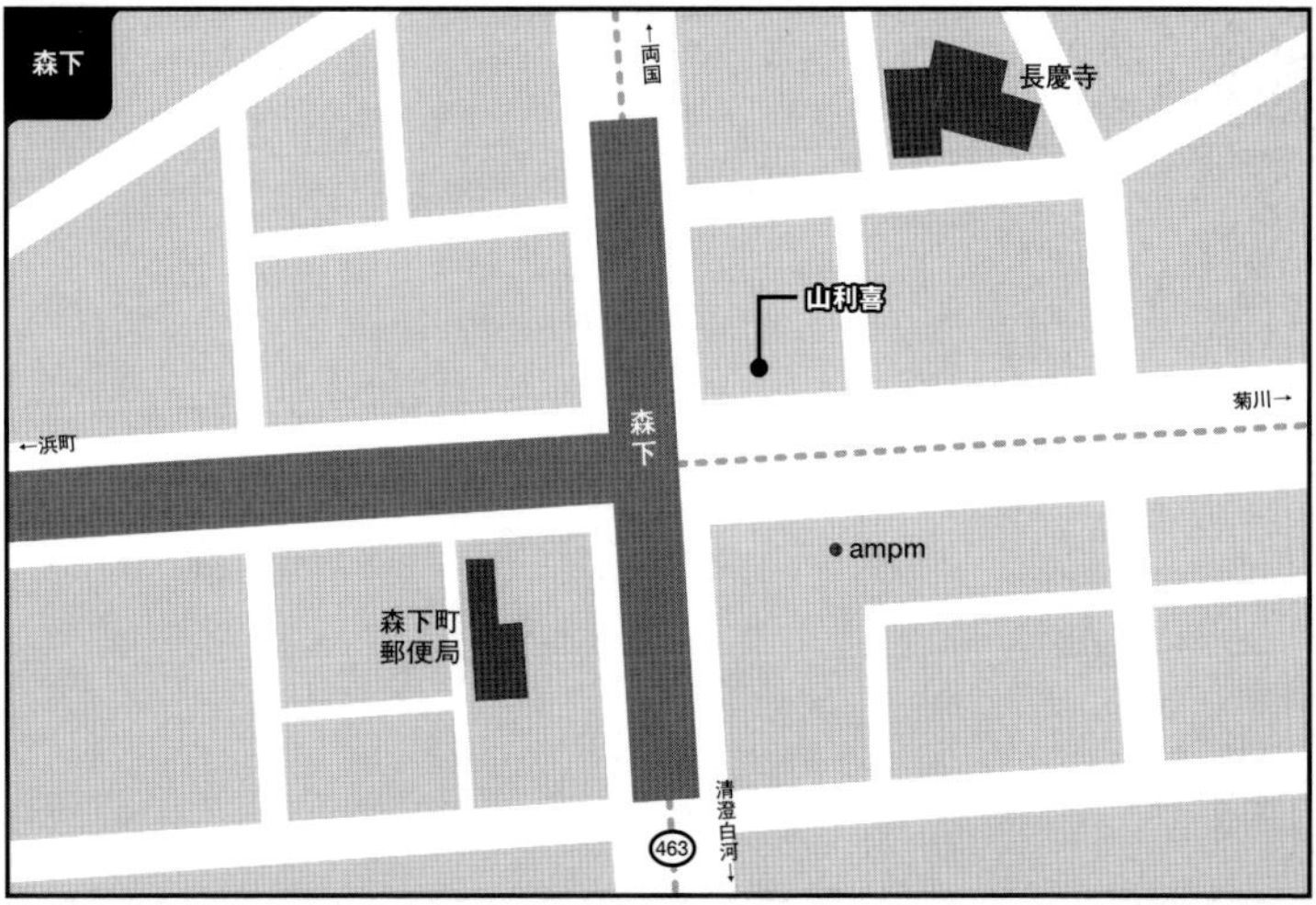
森下
↑両国
長慶寺
山利喜
菊川→
←浜町
森下
ampm
森下町
郵便局
清澄白河↓
463

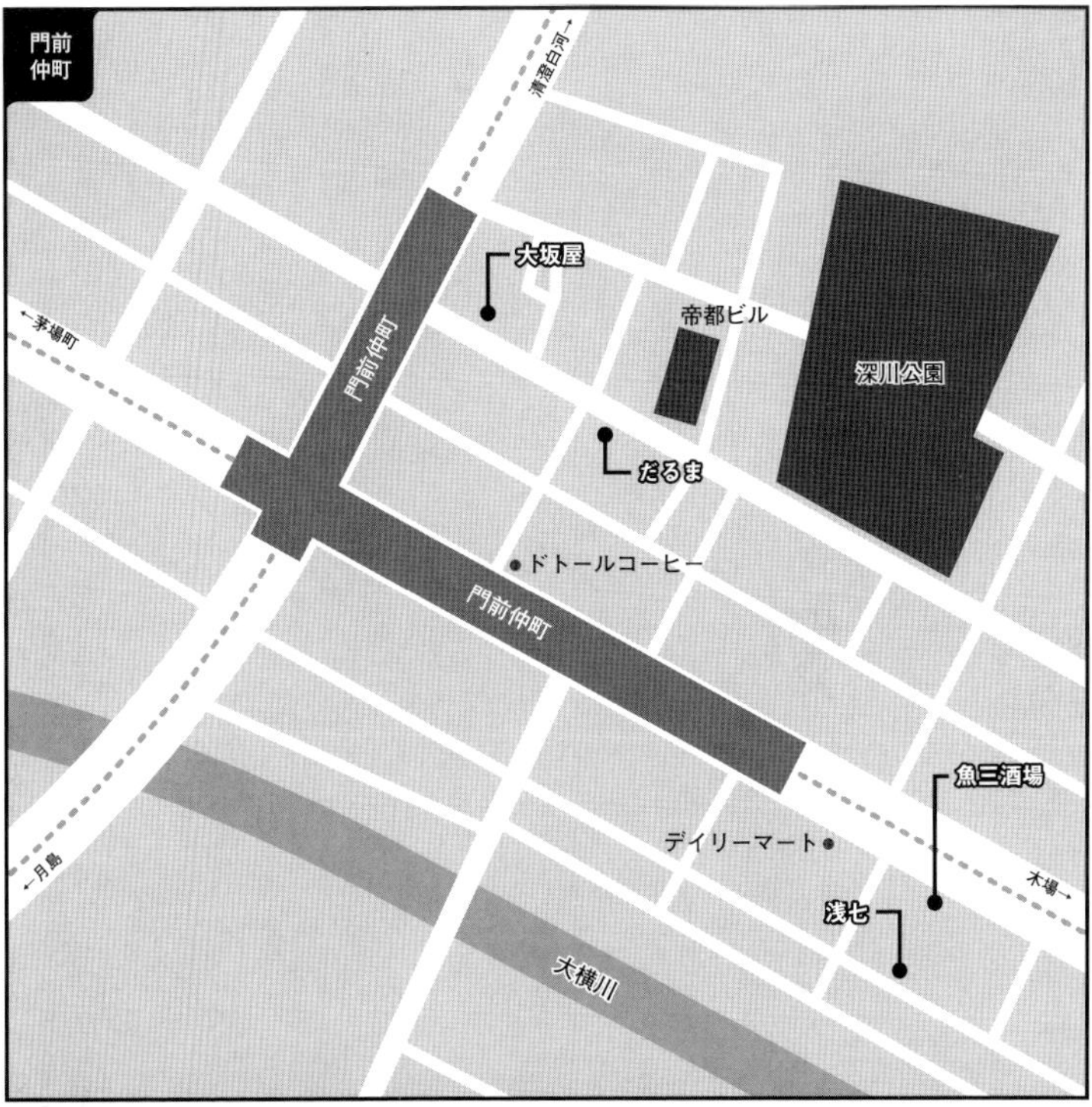
門前
仲町
清澄白河→
大坂屋
帝都ビル
深川公園
←茅場町
門前仲町
だるま
ドトールコーヒー
門前仲町
魚三酒場
デイリーマート
木場→
←月島
浅七
大横川

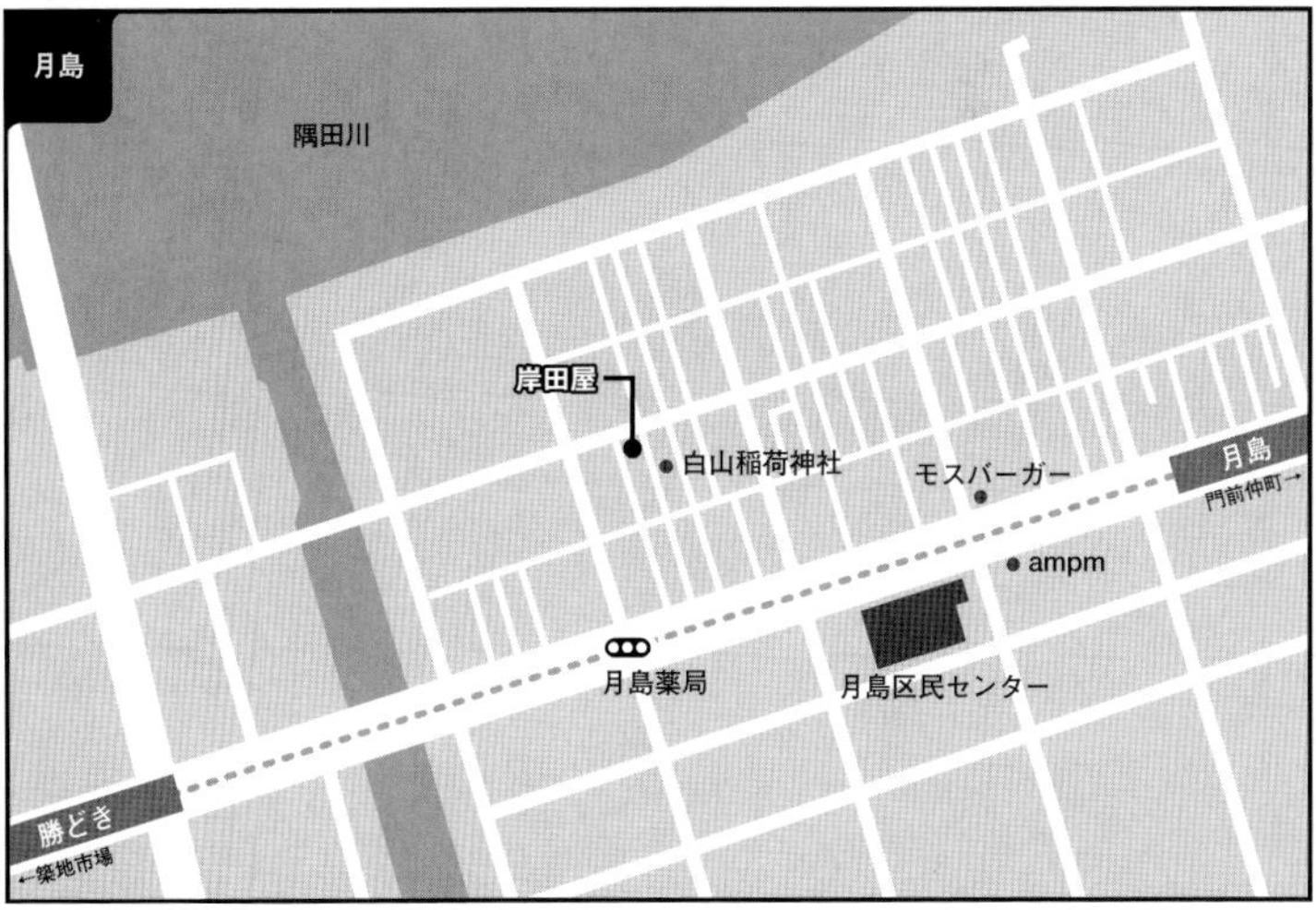
月島
隅田川
岸田屋
白山稲荷神社
モスバーガー
月島
門前仲町→
ampm
月島薬局
月島区民センター
勝どき
←築地市場

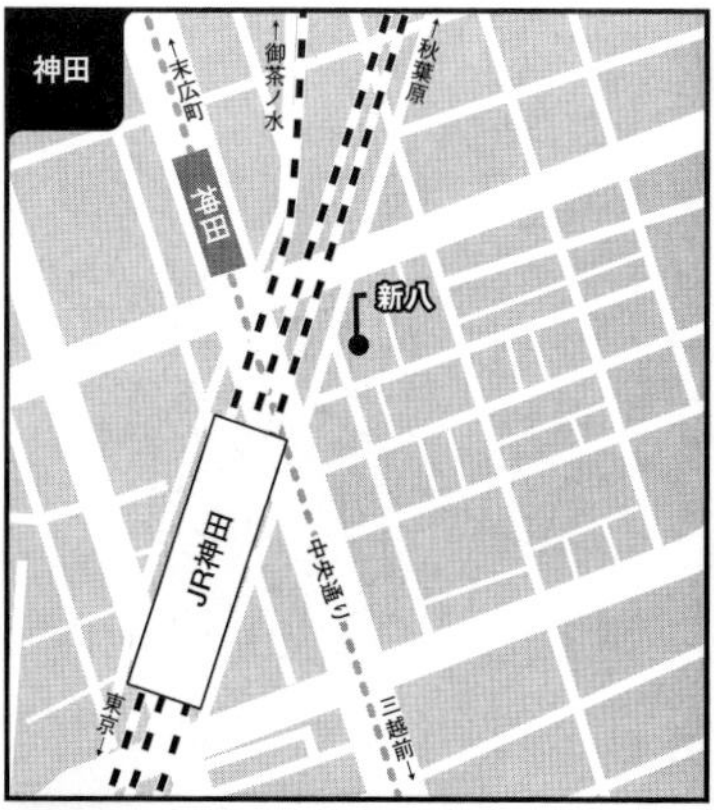
神田
↑末広町
↑御茶ノ水
↑秋葉原
神田
新八
JR神田
中央通り
東京↓
三越前↓

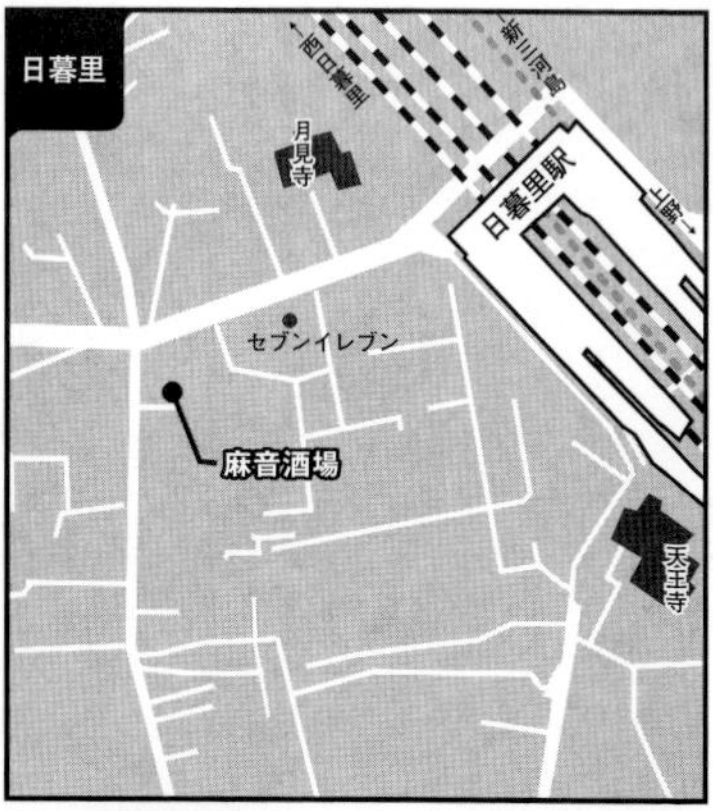
日暮里
←西日暮里
↑新三河島
月見寺
日暮里駅
上野→
セブンイレブン
麻音酒場
天王寺

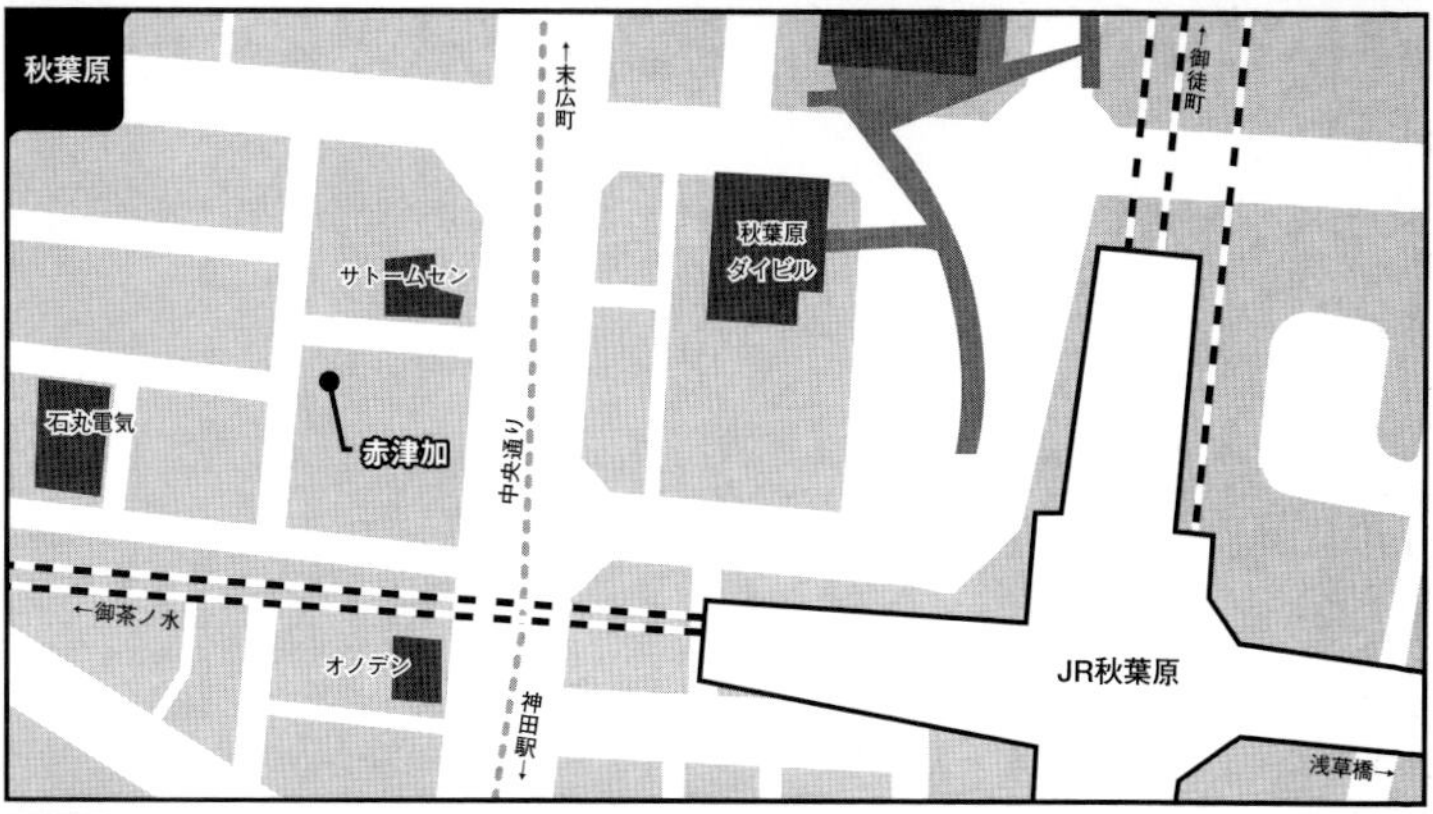
秋葉原
↑末広町
↑御徒町
秋葉原ダイビル
サトームセン
石丸電気
赤津加
中央通り
←御茶ノ水
オノデン
神田駅↓
JR秋葉原
浅草橋→

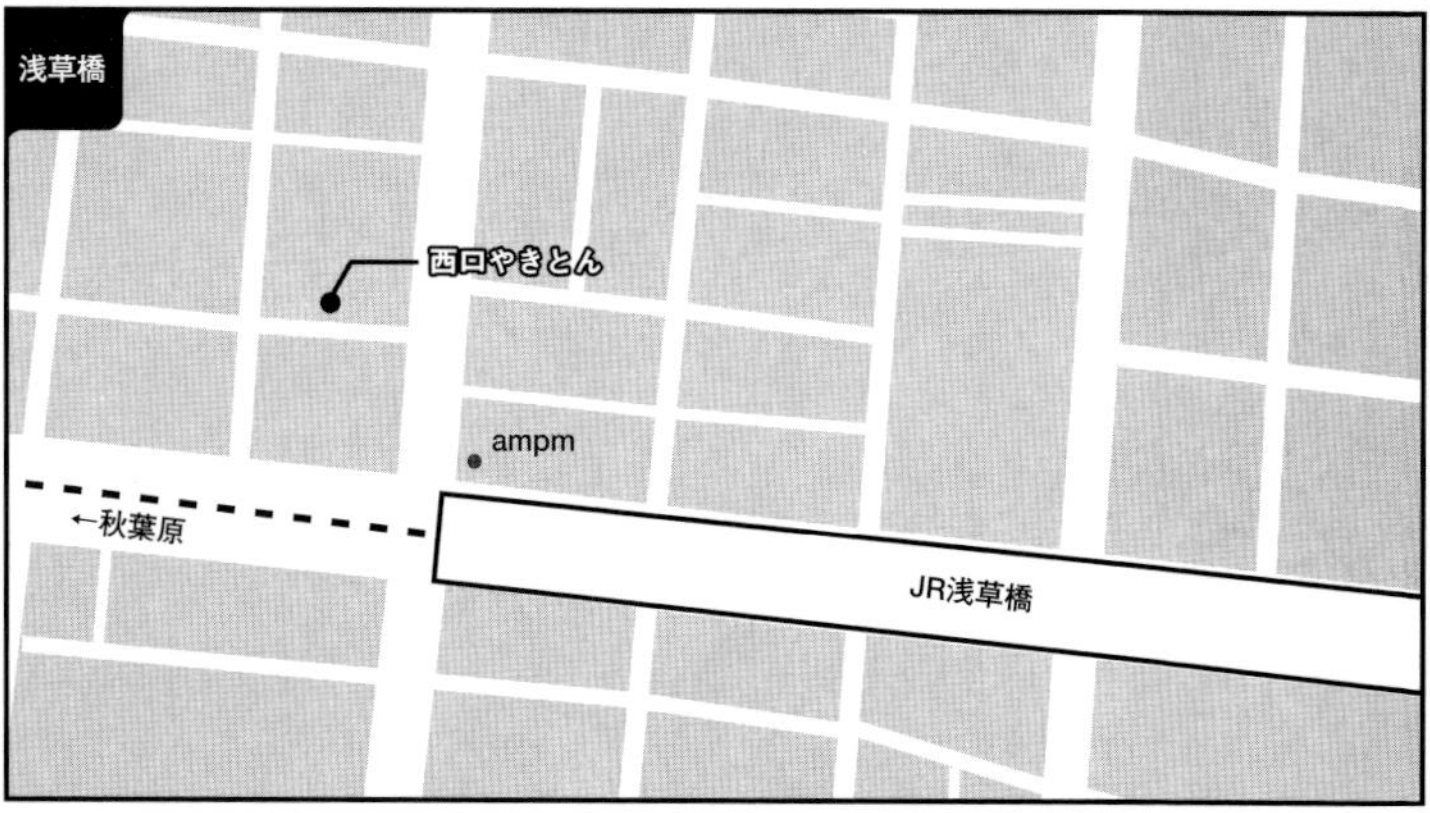
浅草橋
西口やきとん
ampm
←秋葉原
JR浅草橋

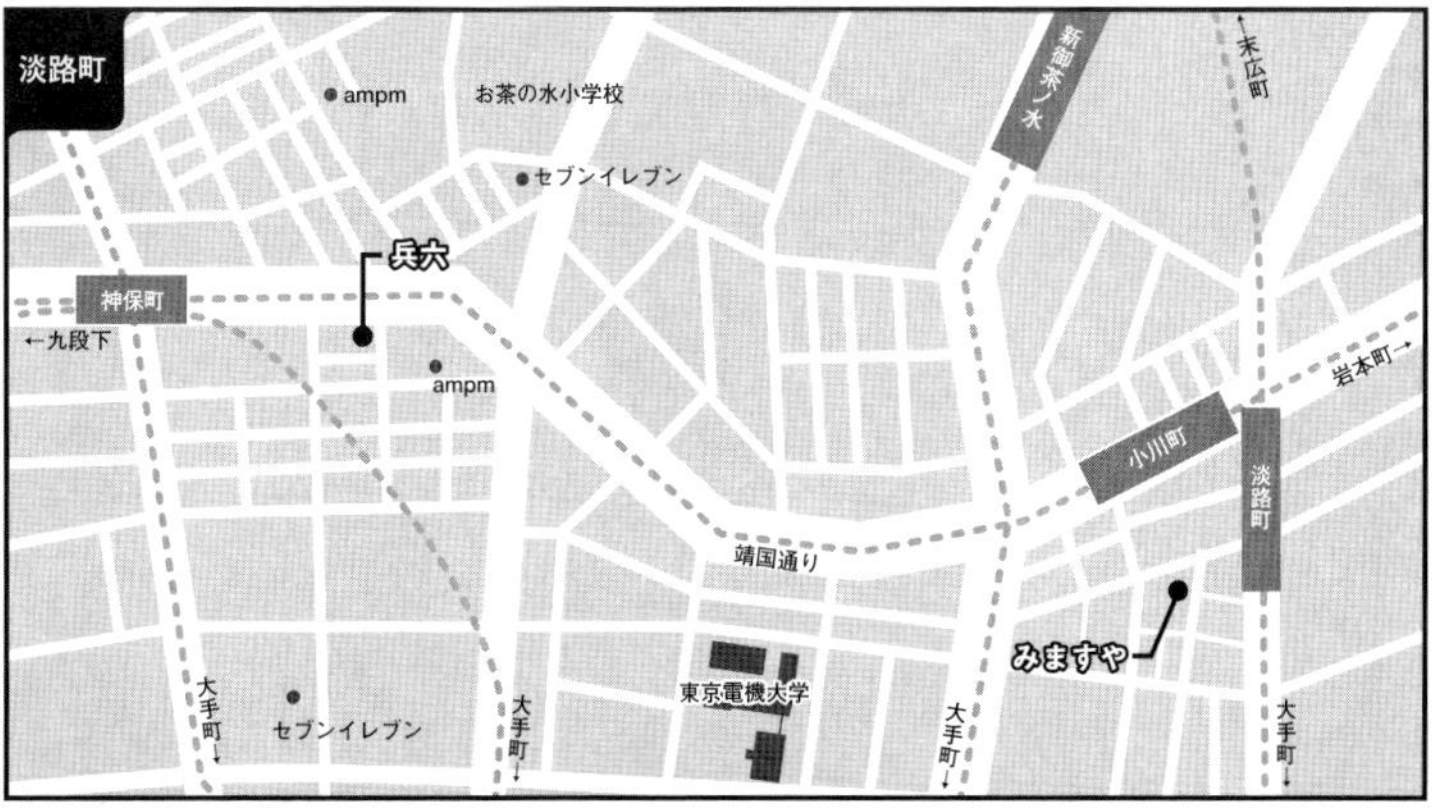
淡路町
ampm
お茶の水小学校
セブンイレブン
兵六
神保町
←九段下
ampm
新御茶ノ水
↑末広町
岩本町→
小川町
淡路町
靖国通り
みますや
東京電機大学
大手町↓
セブンイレブン
大手町↓
大手町↓
大手町↓

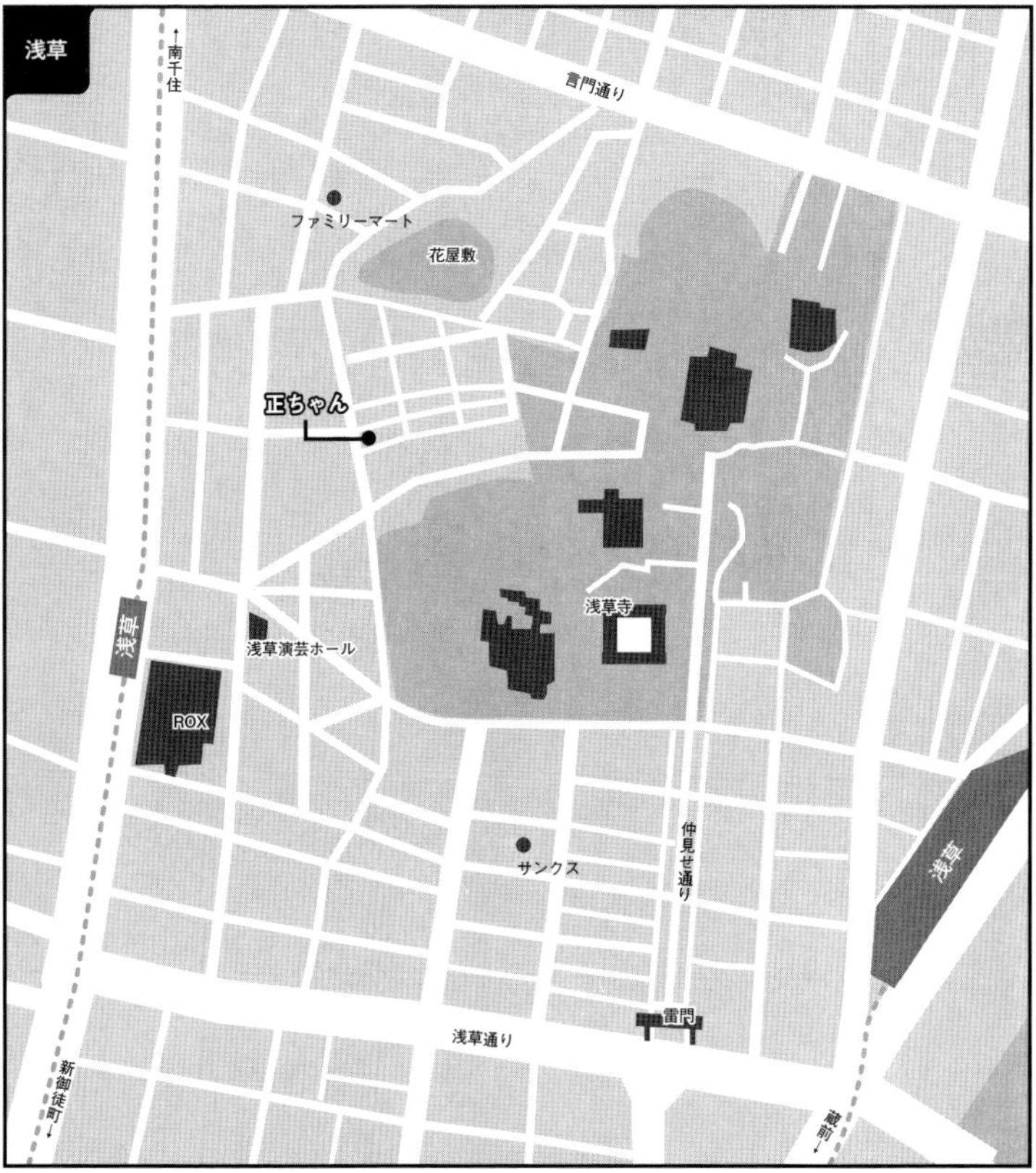
浅草
↑南千住
言門通り
ファミリーマート
花屋敷
正ちゃん
浅草寺
浅草
浅草演芸ホール
ROX
サンクス
仲見世通り
浅草
雷門
浅草通り
新御徒町↓
蔵前↓

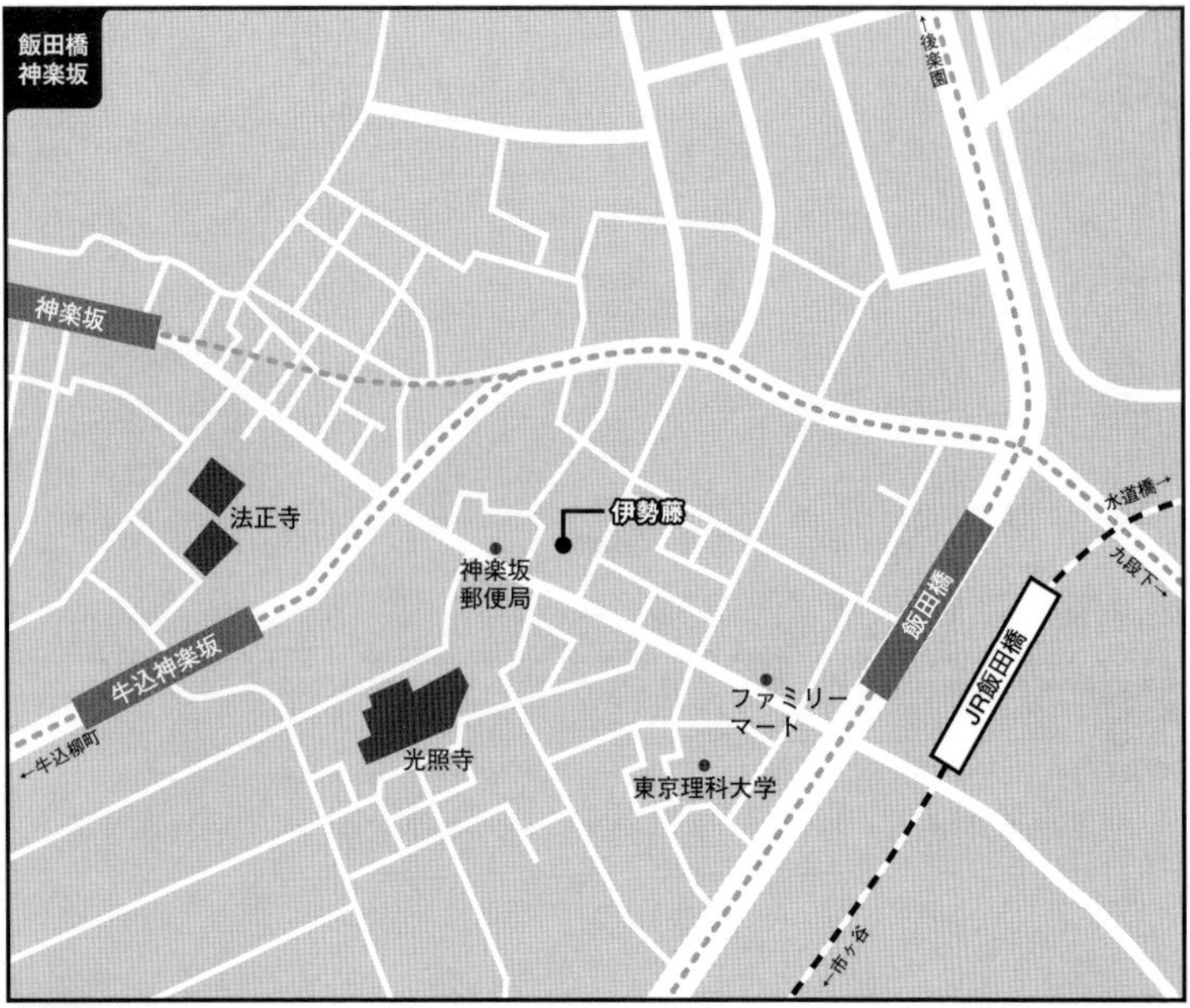
飯田橋
神楽坂
後楽園
神楽坂
法正寺
伊勢藤
神楽坂
郵便局
牛込神楽坂
←牛込柳町
光照寺
飯田橋
JR飯田橋
水道橋→
九段下→
ファミリー
マート
東京理科大学
←市ケ谷

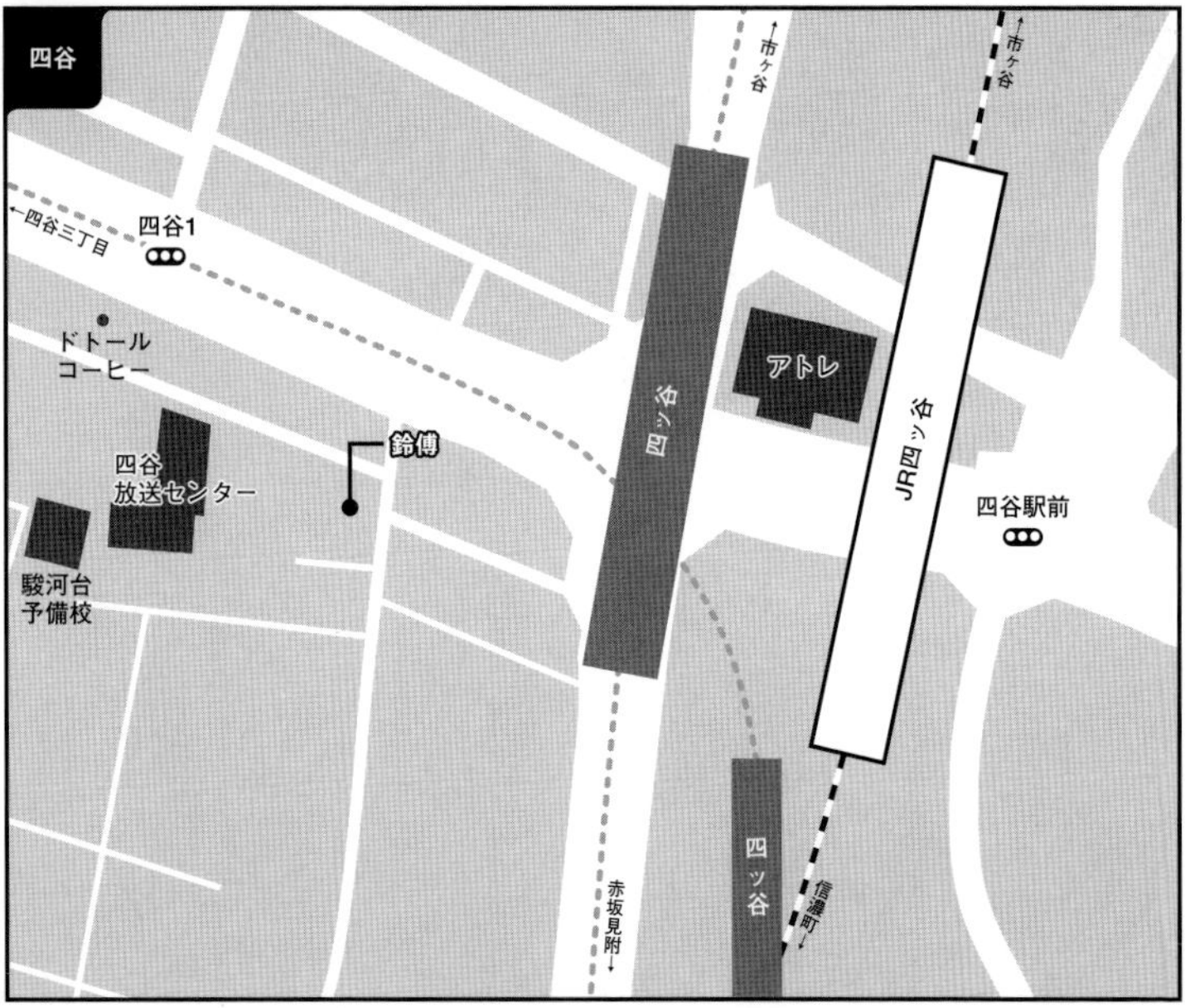
四谷
市ケ谷
市ケ谷
←四谷三丁目
四谷1
ドトール
コーヒー
アトレ
四ツ谷
JR四ツ谷
鈴傳
四谷
放送センター
駿河台
予備校
四谷駅前
赤坂見附
四ツ谷
信濃町

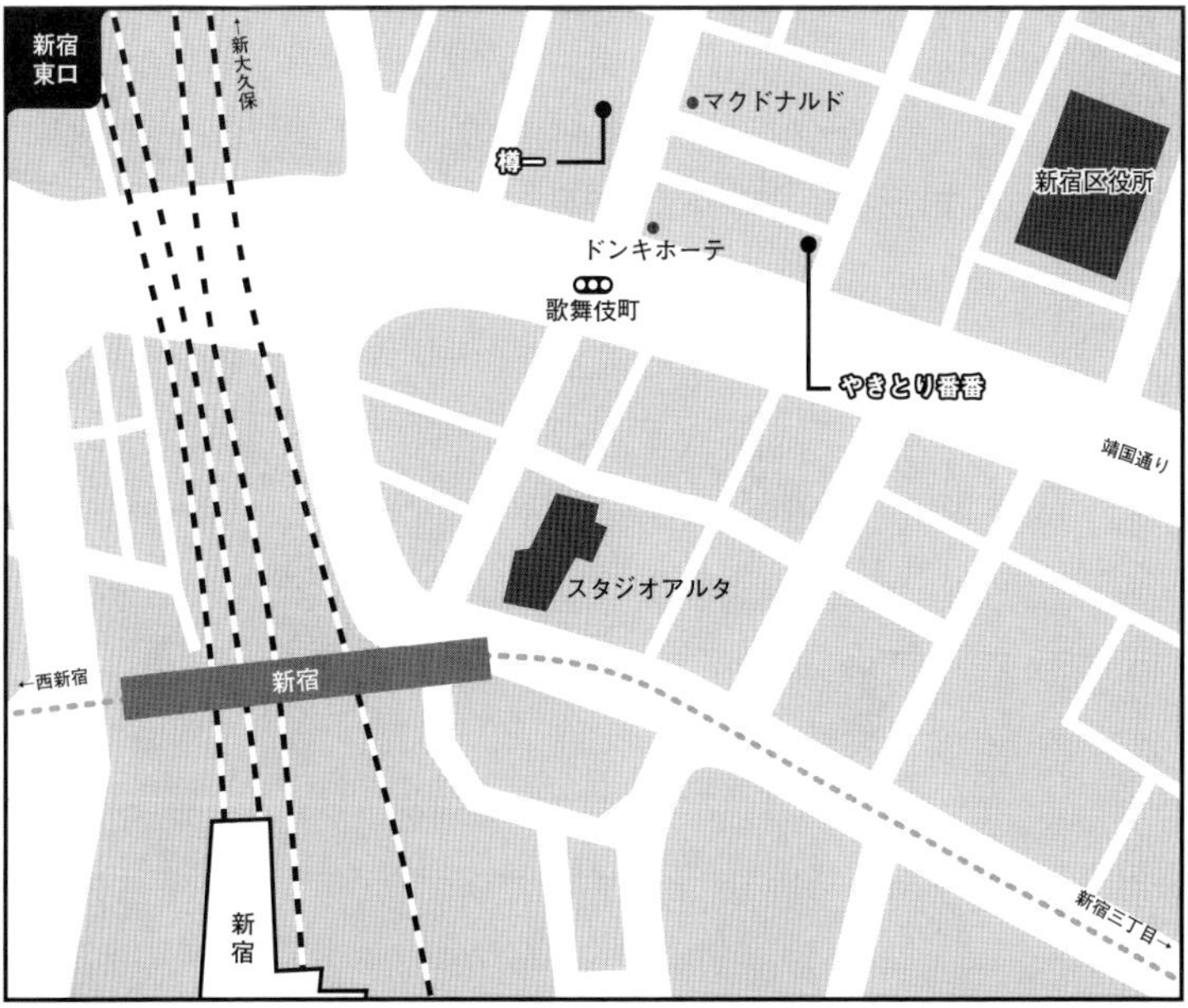
新宿
東口
↑新大久保
マクドナルド
樽一
新宿区役所
ドンキホーテ
歌舞伎町
やきとり番番
靖国通り
スタジオアルタ
←西新宿
新宿
新宿
新宿三丁目→

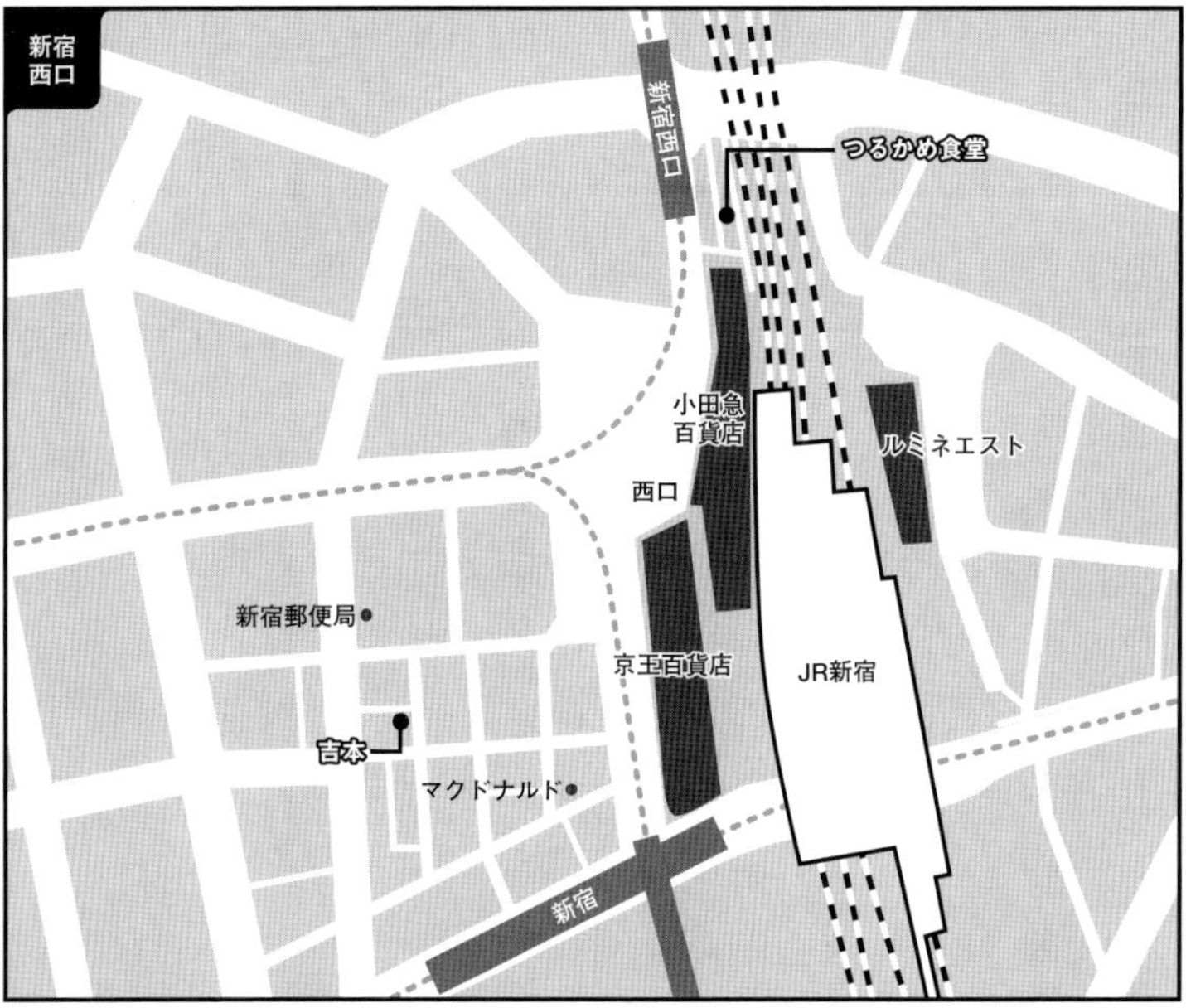
新宿
西口
新宿西口
つるかめ食堂
小田急
百貨店
ルミネエスト
西口
新宿郵便局
京王百貨店
JR新宿
吉本
マクドナルド
新宿

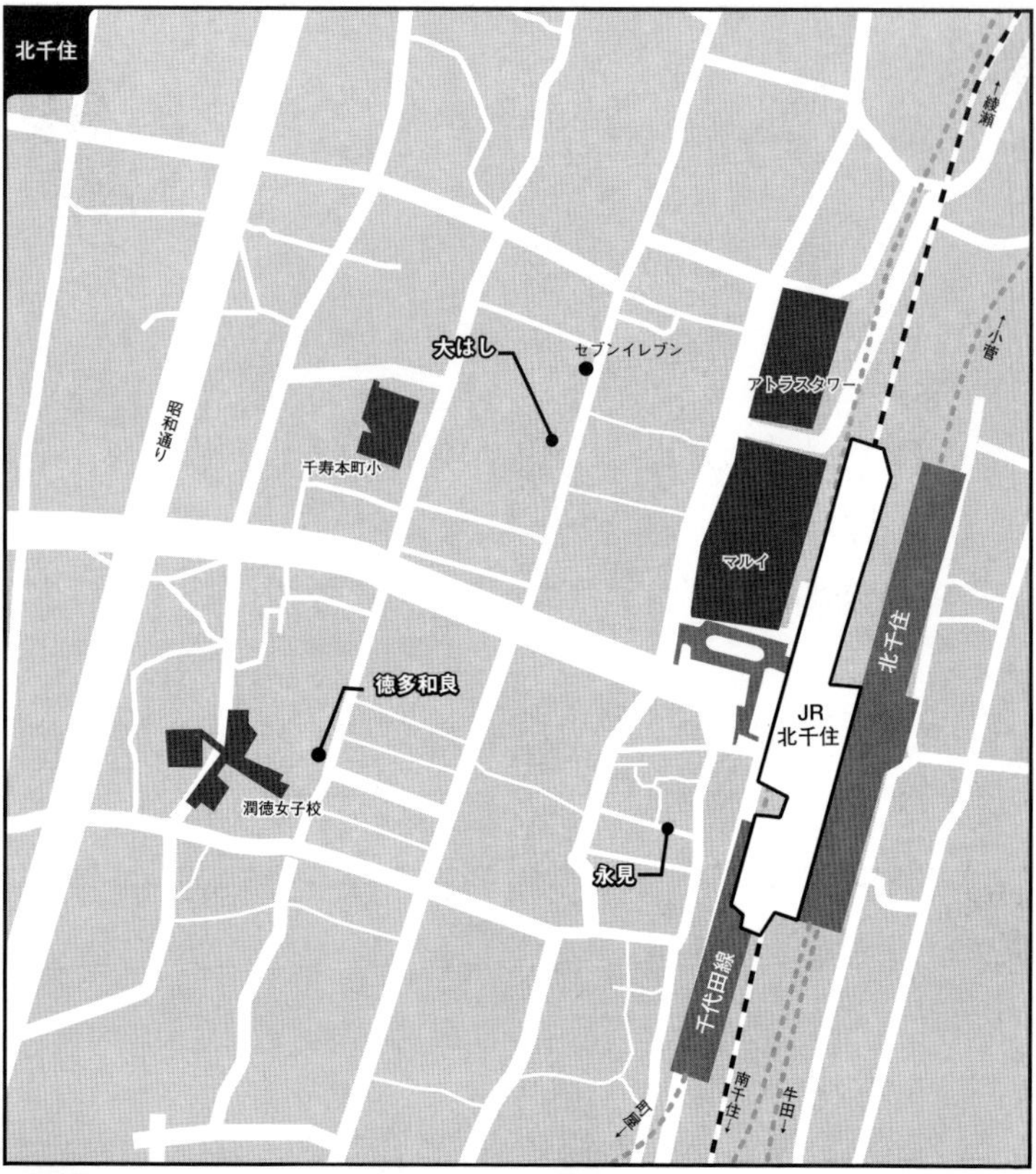
北千住
昭和通り
大はし
セブンイレブン
アトラスタワー
千寿本町小
マルイ
徳多和良
JR
北千住
北千住
潤徳女子校
永見
千代田線
綾瀬
小菅
南千住
牛田
町屋

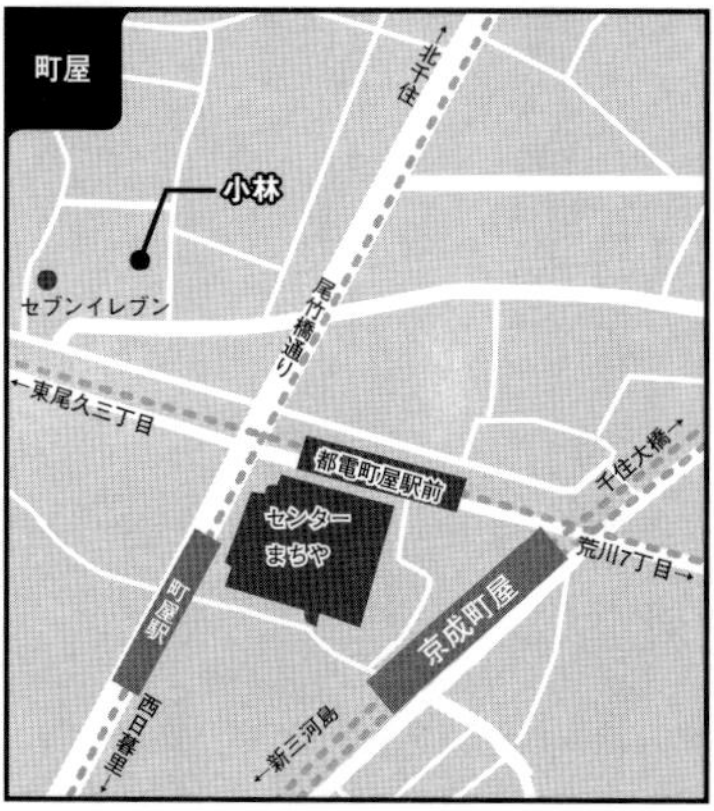
町屋
小林
セブンイレブン
北千住
尾竹橋通り
東尾久三丁目
都電町屋駅前
千住大橋
センター
まちや
荒川7丁目
町屋駅
京成町屋
西日暮里
新三河島

四つ木
水戸街道
セブンイレブン
ゑびす
西光寺
立石
四つ木公園
四つ木
八広

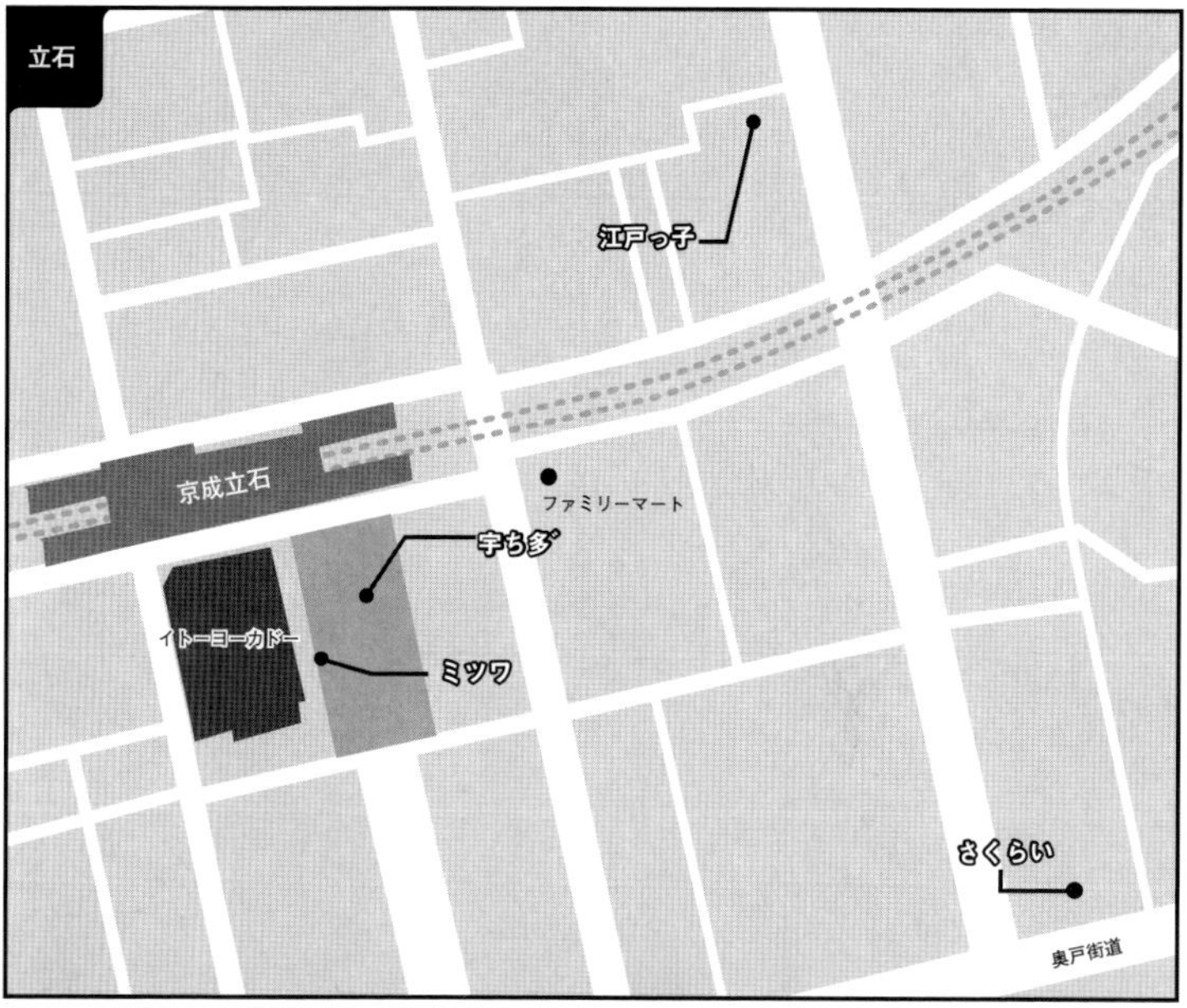
立石
江戸っ子
京成立石
ファミリーマート
宇ち多゛
イトーヨーカドー
ミツワ
さくらい
奥戸街道

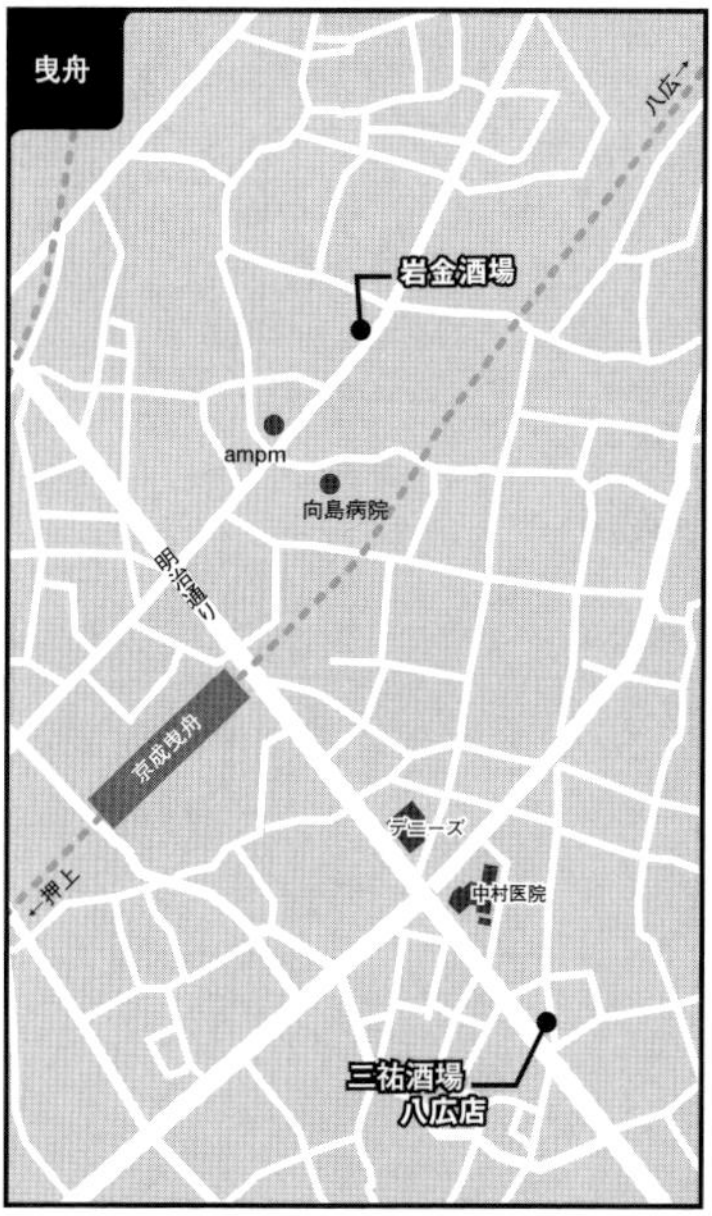
曳舟
八広→
岩金酒場
ampm
向島病院
明治通り
京成曳舟
デニーズ
←押上
中村医院
三祐酒場
八広店

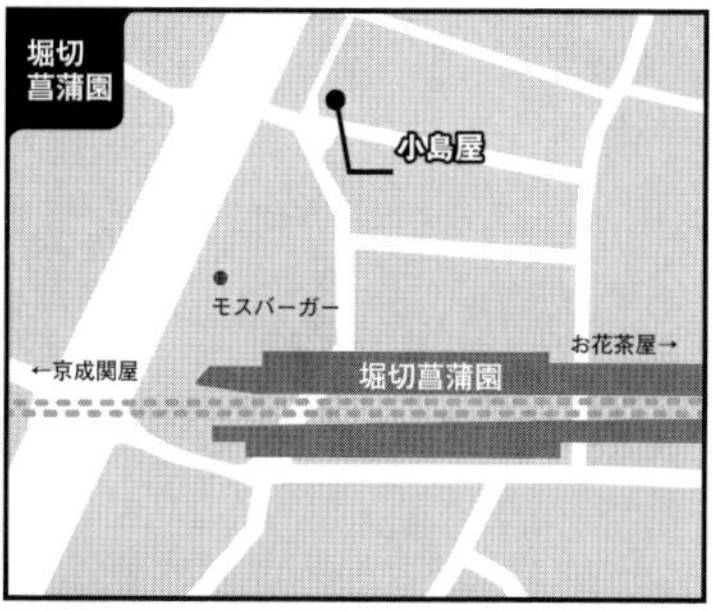
堀切
菖蒲園
小島屋
モスバーガー
←京成関屋
お花茶屋→
堀切菖蒲園

小岩
←高砂
京成小岩
三平
セブンイレブン
柴又街道
江戸川→

恵比寿
←渋谷
駒沢通り
広尾→
大丸
ピーコック
さいき
恵比寿神社
恵比寿
JR恵比寿
←中目黒
目黒→

渋谷
ハチ公
JR渋谷駅
表参道→
←神泉
東急プラザ
玉川通り
首都高速3号渋谷線
代官山→
富士屋本店
恵比寿→

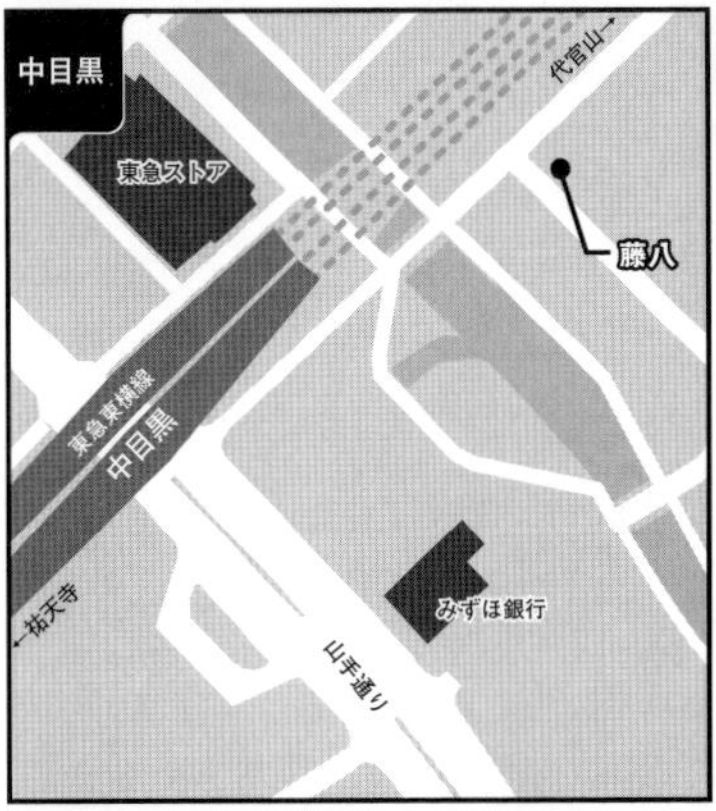
中目黒
東急ストア
代官山→
藤八
東急東横線
中目黒
←祐天寺
みずほ銀行
山手通り

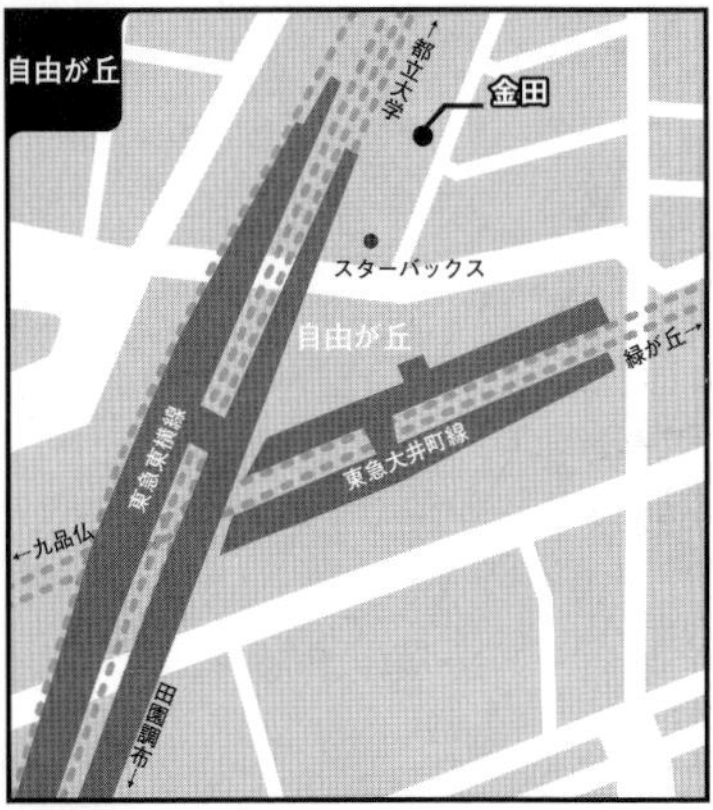
自由が丘
←都立大学
金田
スターバックス
自由が丘
緑が丘→
東急大井町線
東急東横線
←九品仏
田園調布→

新馬場
←北品川
牧野
357号
品川図書館
新馬場
青物横丁→

青物横丁
←新馬場
海岸通り
丸富
池上通り
品川寺
青物横丁
海雲寺
第一京浜
鮫洲→

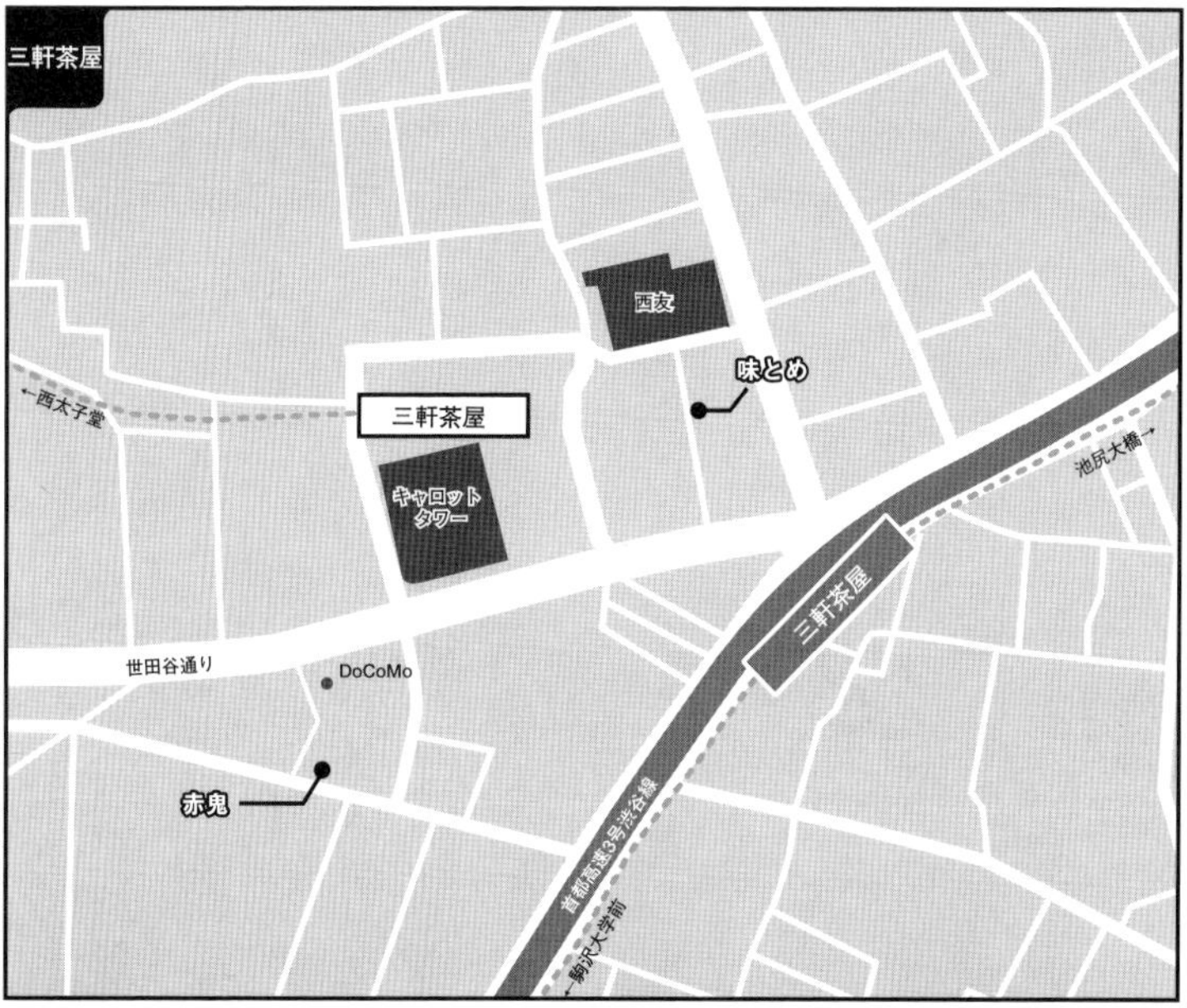
三軒茶屋
西友
味とめ
←西太子堂
三軒茶屋
キャロットタワー
池尻大橋→
三軒茶屋
世田谷通り
DoCoMo
赤鬼
首都高速3号渋谷線
←駒沢大学前

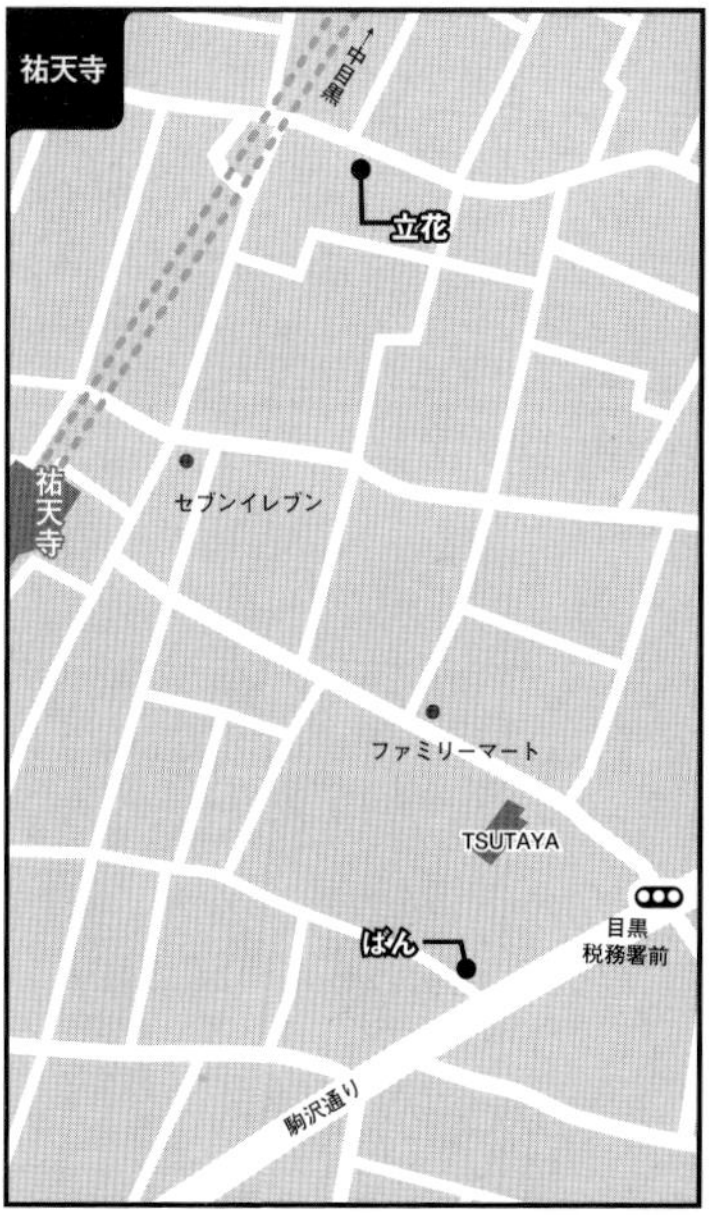
祐天寺
中目黒→
立花
祐天寺
セブンイレブン
ファミリーマート
TSUTAYA
ばん
目黒税務署前
駒沢通り

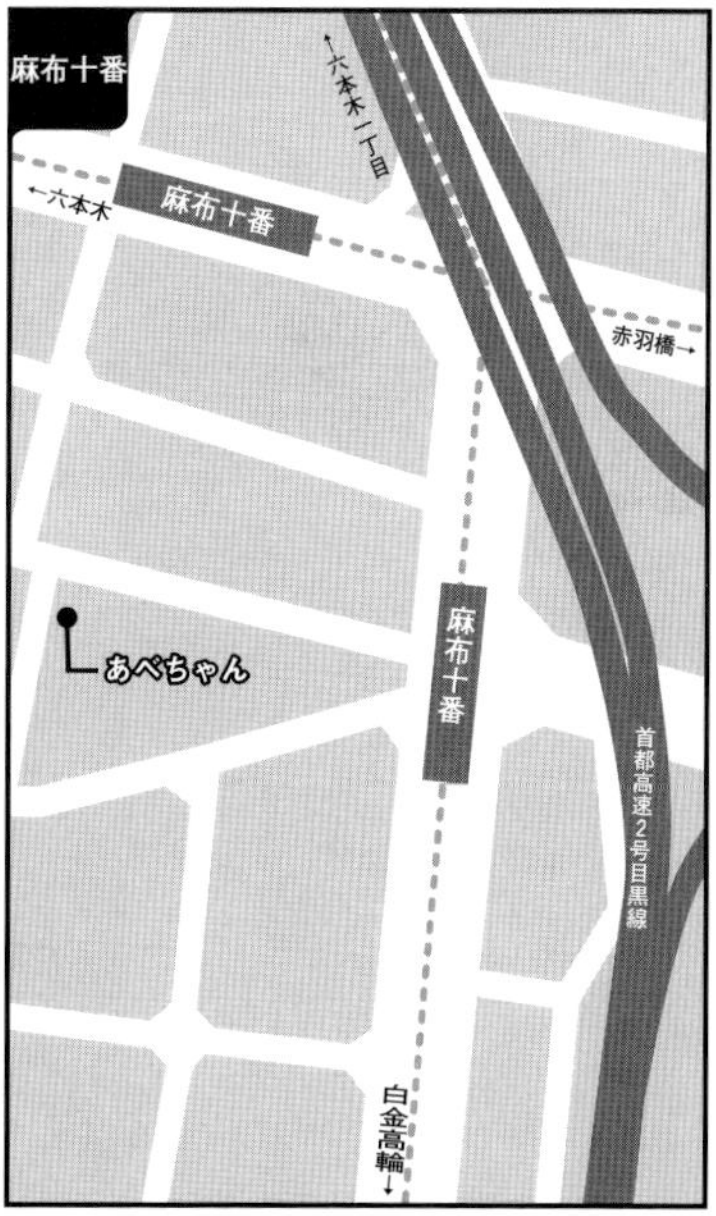
麻布十番
←六本木一丁目
←六本木
麻布十番
赤羽橋→
あべちゃん
麻布十番
首都高速2号目黒線
白金高輪↓

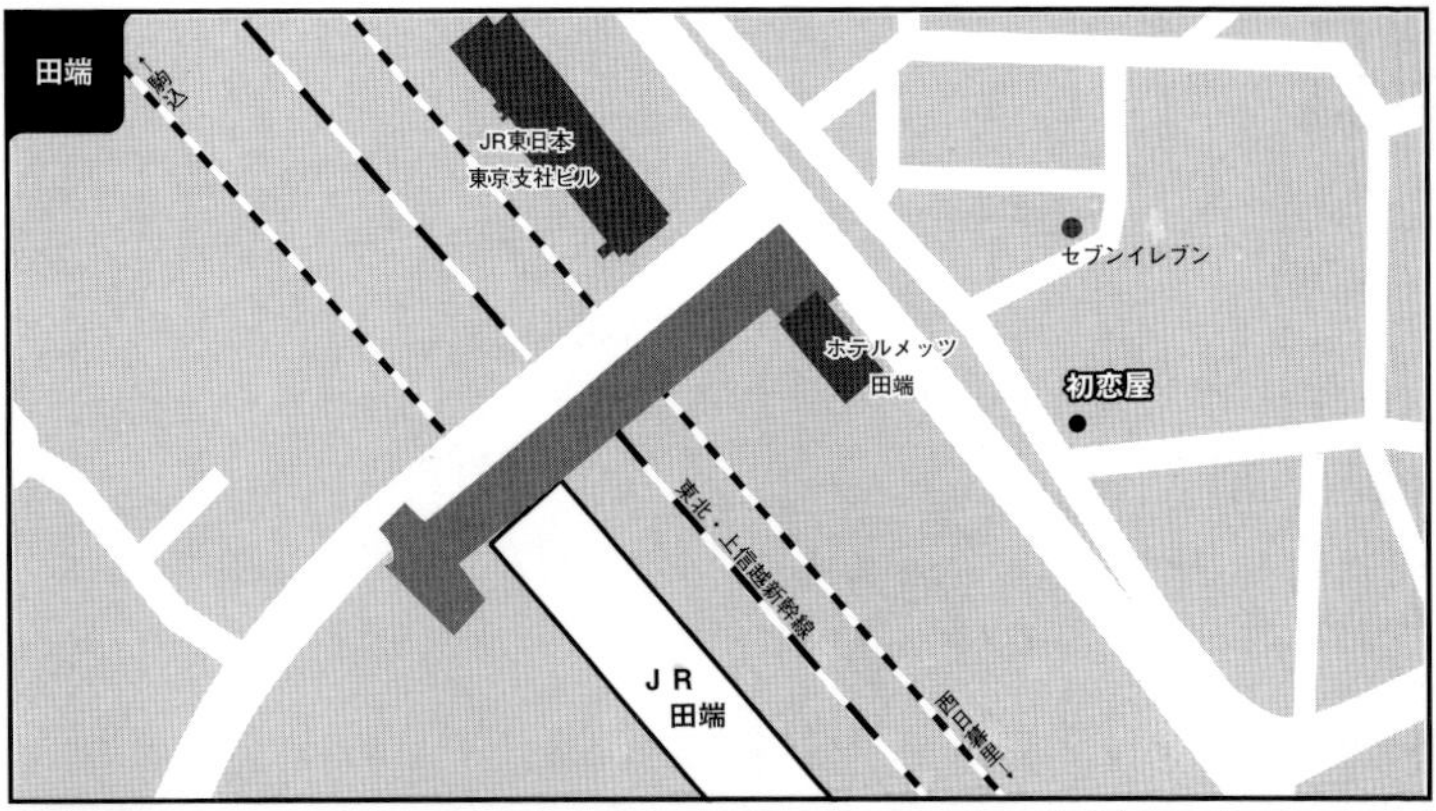
田端
←駒込
JR東日本
東京支社ビル
セブンイレブン
ホテルメッツ
田端
初恋屋
東北・上信越新幹線
J R
田端
西日暮里→

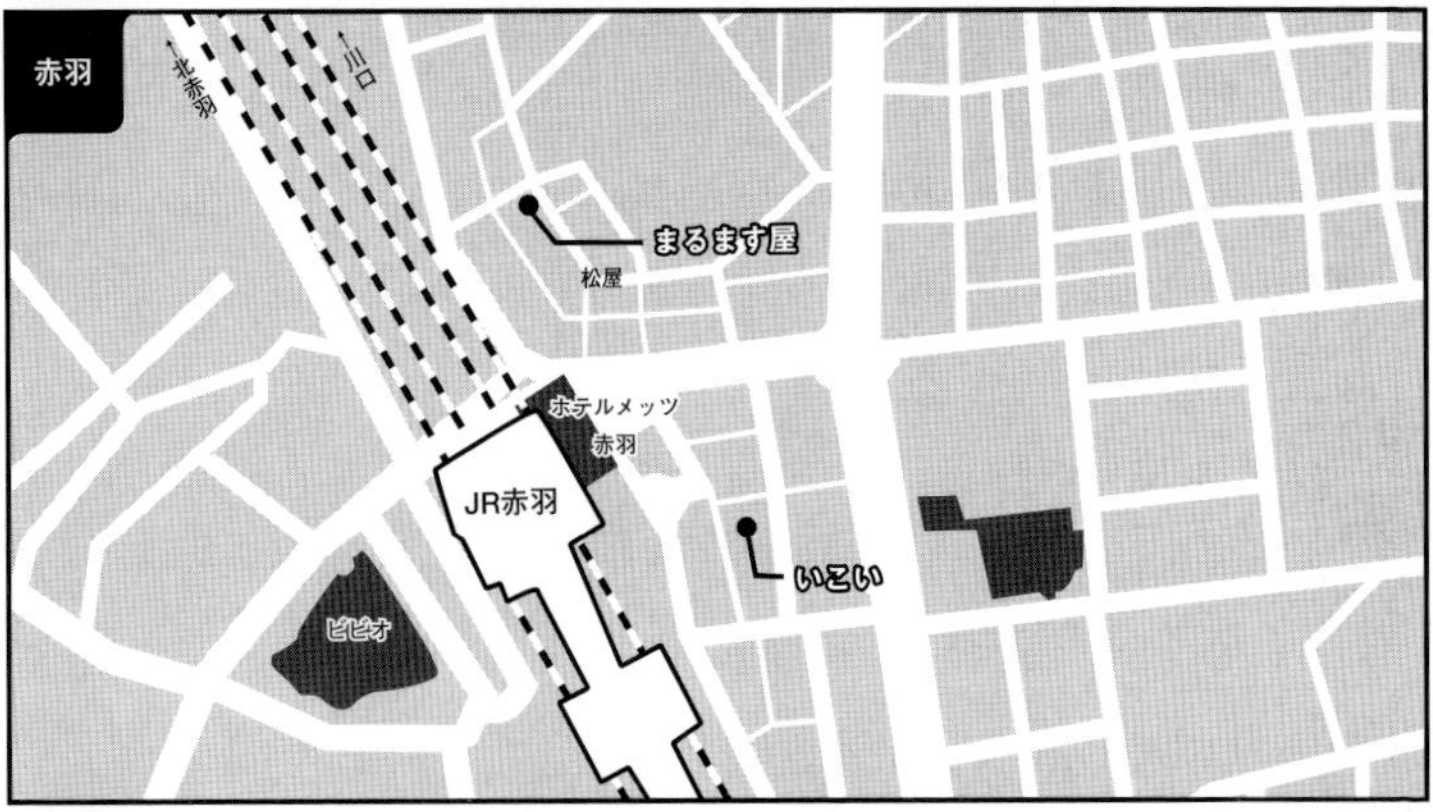
赤羽
←北赤羽
←川口
まるます屋
松屋
ホテルメッツ
赤羽
JR赤羽
いこい
ビビオ

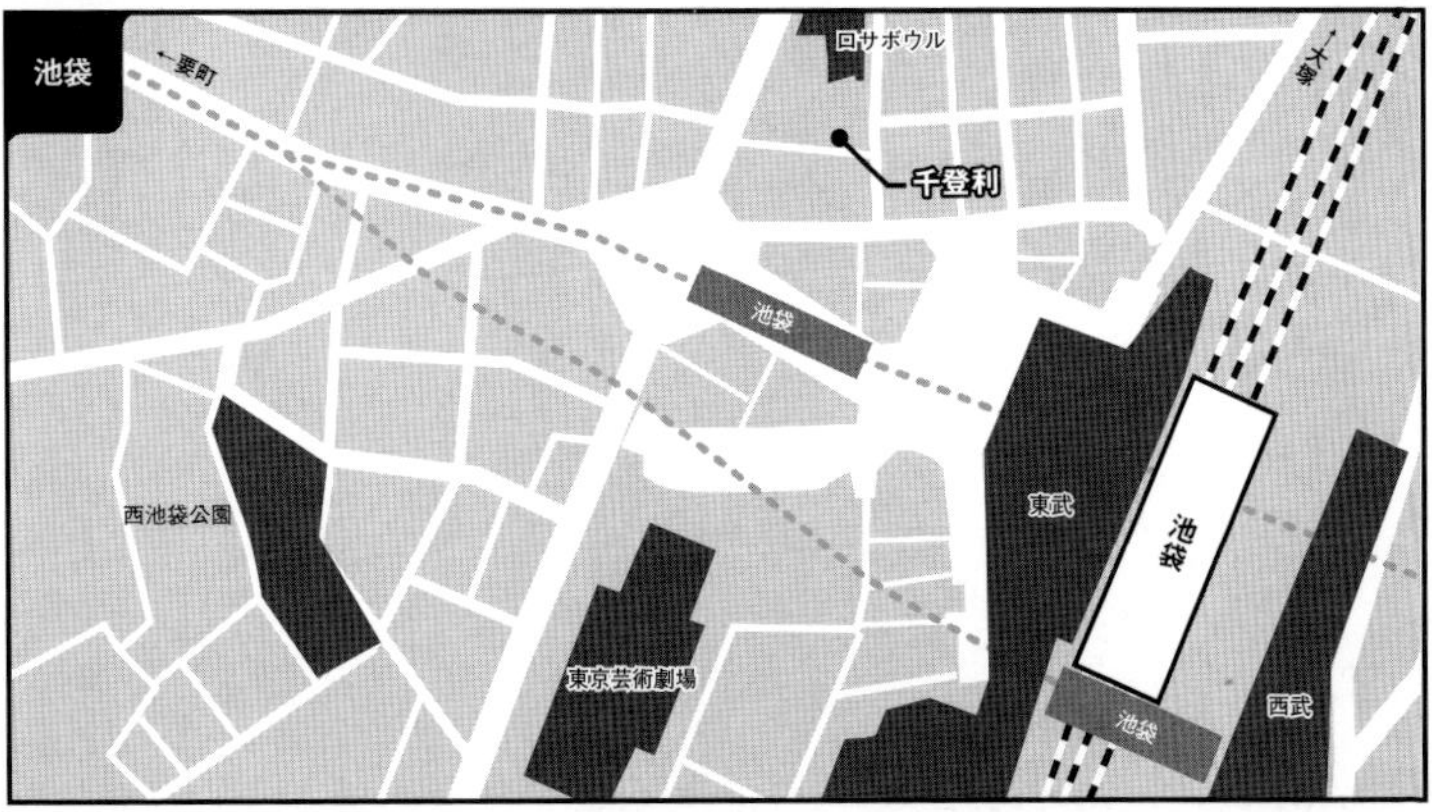
池袋
←要町
ロサボウル
千登利
←大塚
池袋
西池袋公園
東武
池袋
東京芸術劇場
池袋
西武

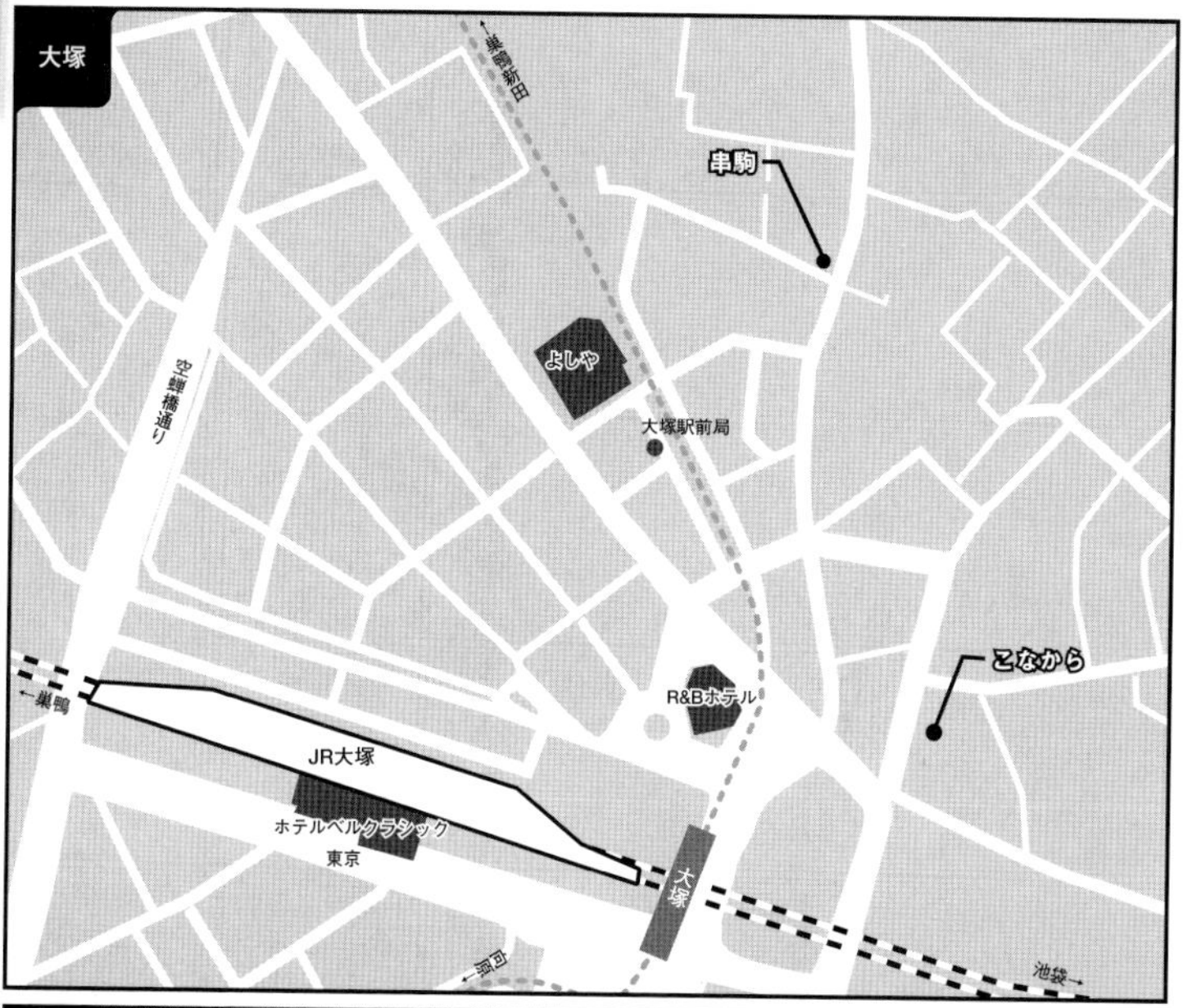
大塚
巣鴨新田
串駒
よしや
大塚駅前局
空蝉橋通り
こなから
R&Bホテル
巣鴨
JR大塚
ホテルベルクラシック
東京
大塚
向原
池袋

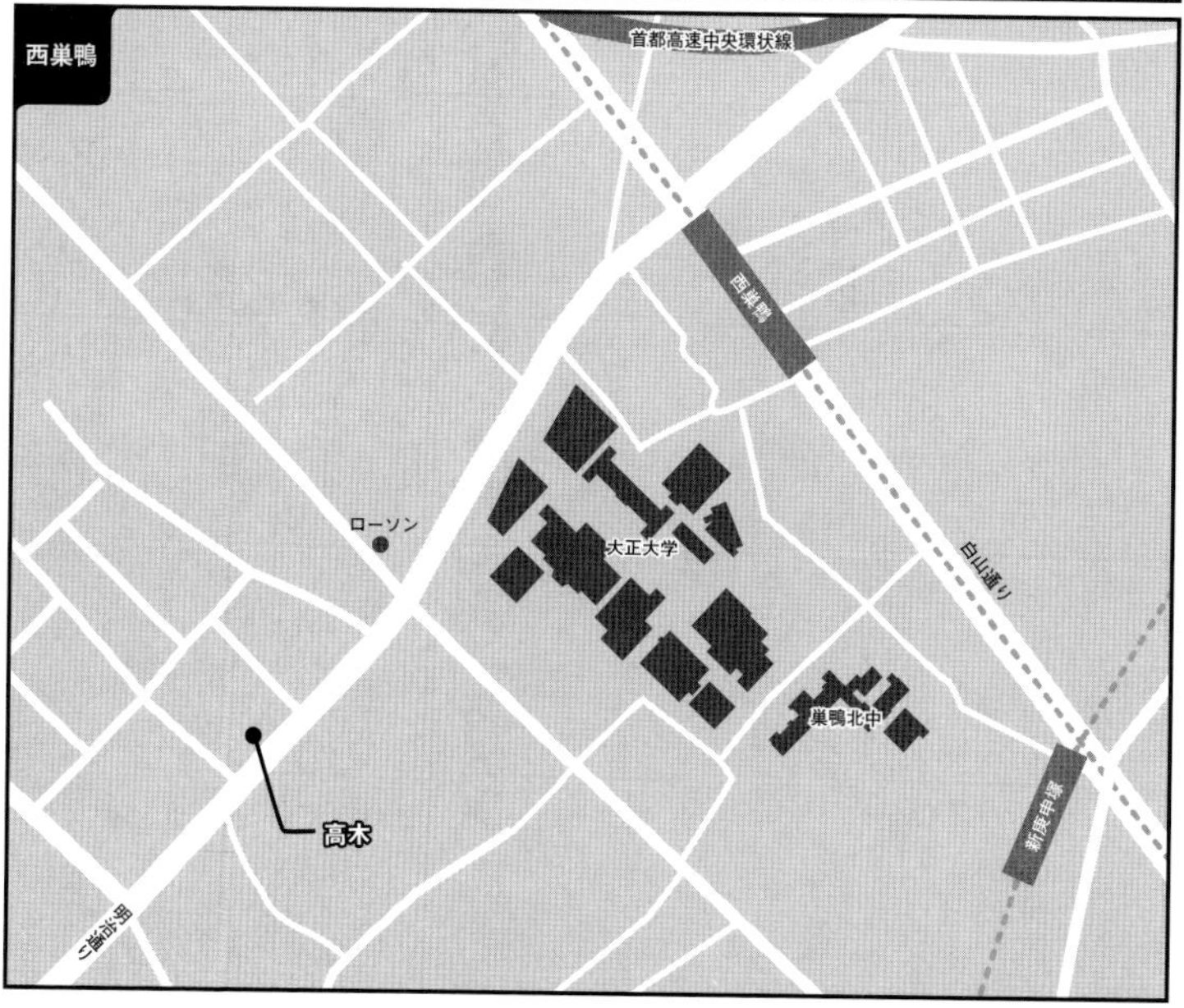
西巣鴨
首都高速中央環状線
西巣鴨
ローソン
大正大学
白山通り
巣鴨北中
新庚申塚
高木
明治通り

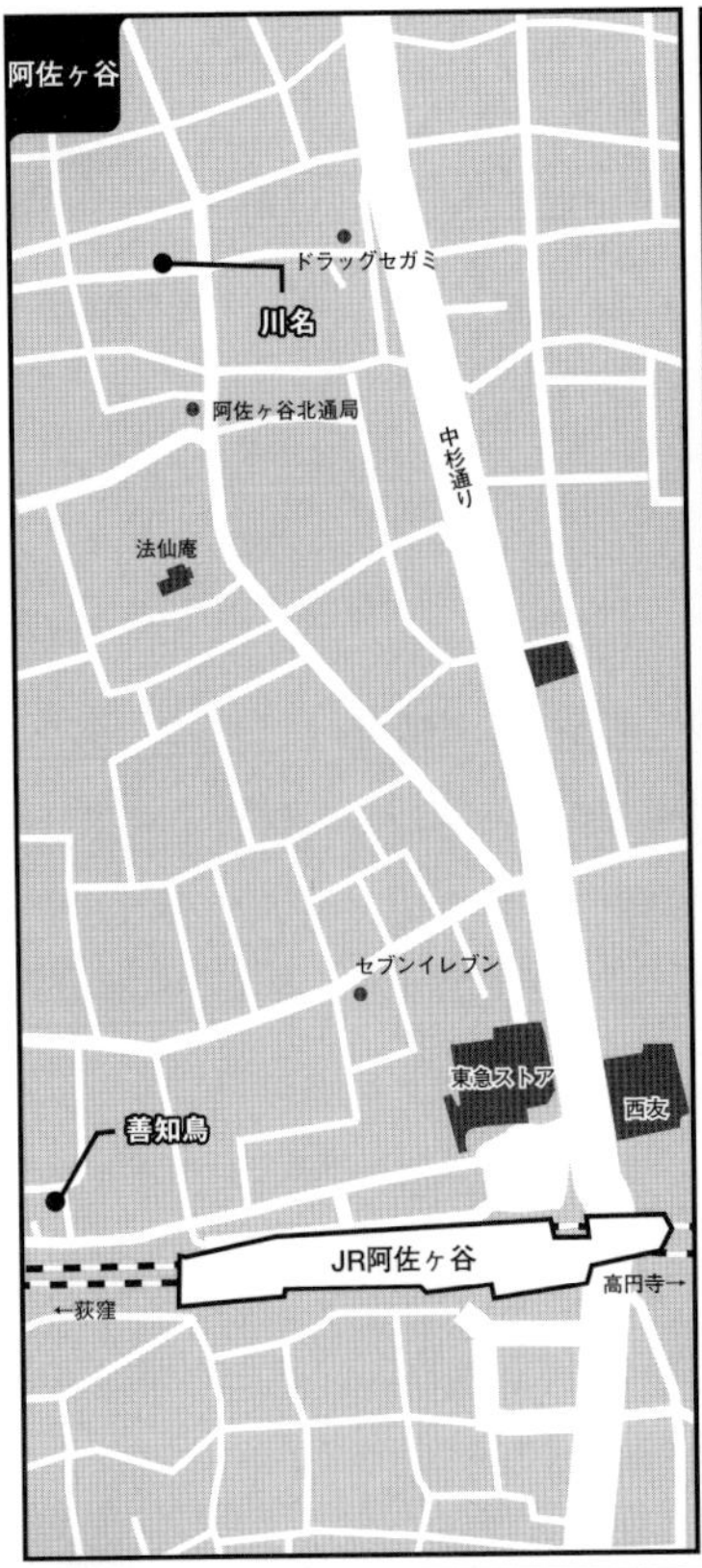
阿佐ヶ谷
ドラッグセガミ
川名
阿佐ヶ谷北通局
中杉通り
法仙庵
セブンイレブン
東急ストア
西友
善知鳥
JR阿佐ヶ谷
高円寺→
←荻窪

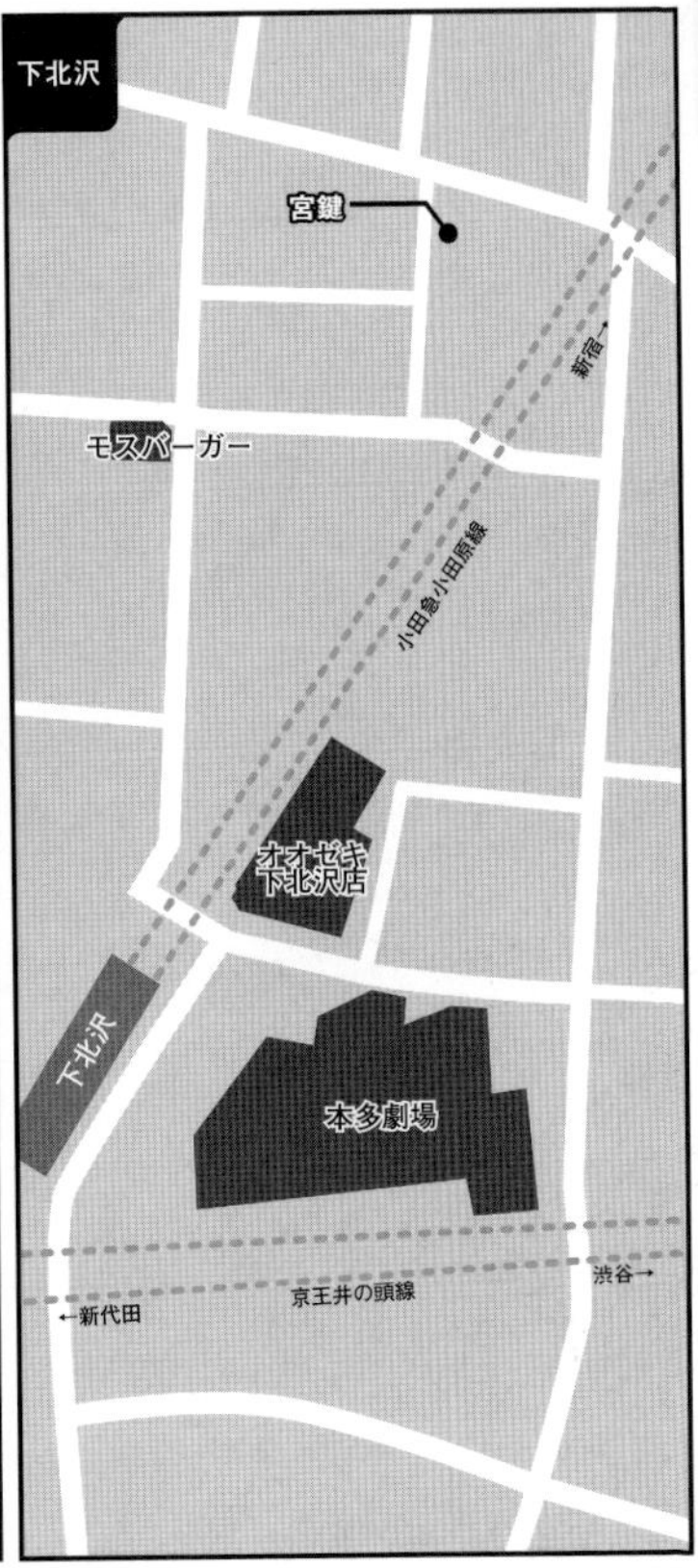
下北沢
宮鍵
新宿→
モスバーガー
小田急小田原線
オオゼキ
下北沢店
下北沢
本多劇場
←新代田
京王井の頭線
渋谷→

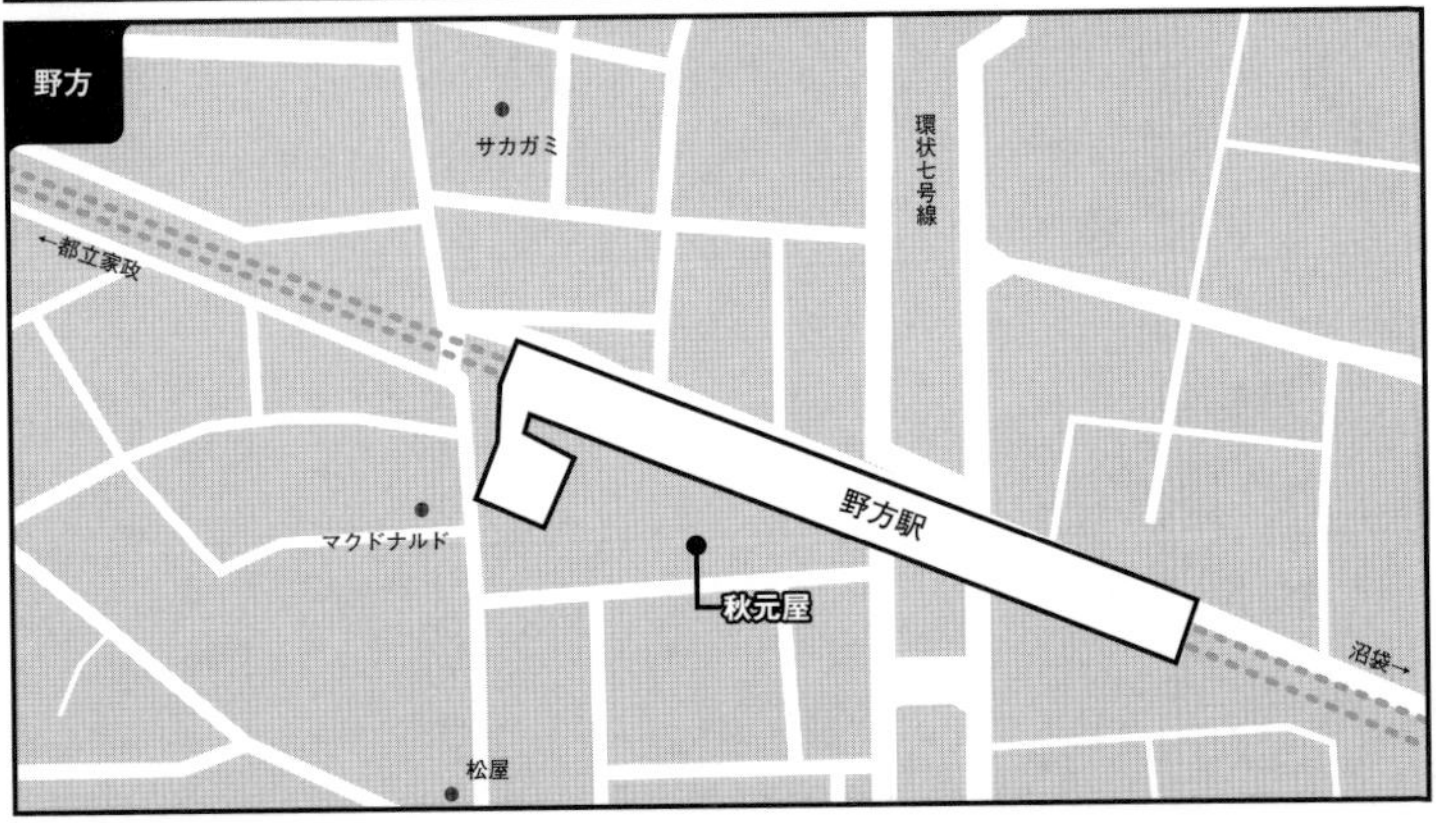
野方
サカガミ
環状七号線
←都立家政
野方駅
マクドナルド
秋元屋
沼袋→
松屋

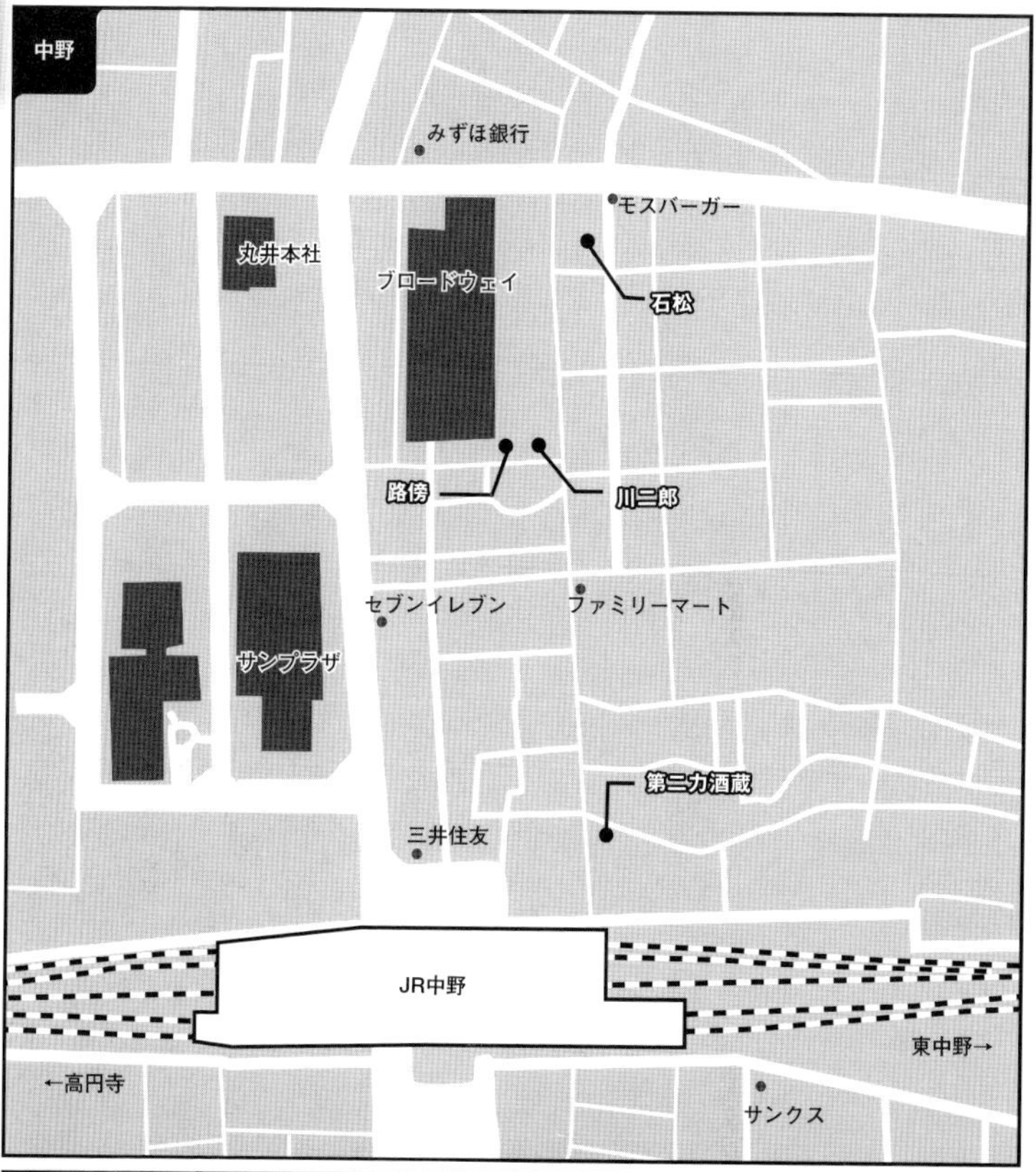
中野
みずほ銀行
モスバーガー
丸井本社
ブロードウェイ
石松
路傍
川二郎
セブンイレブン
ファミリーマート
サンプラザ
第二力酒蔵
三井住友
JR中野
←高円寺
東中野→
サンクス

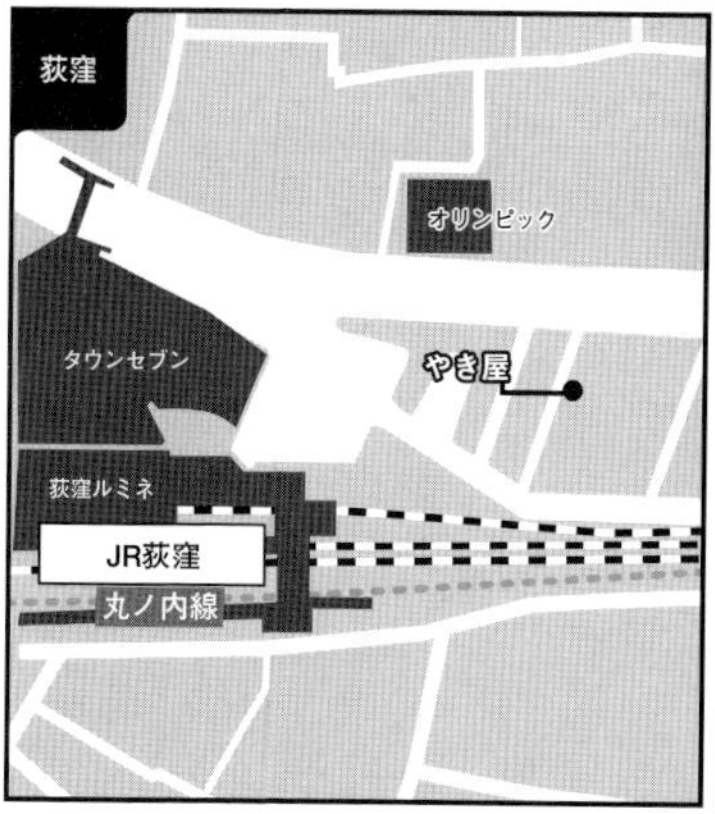
荻窪
オリンピック
タウンセブン
やき屋
荻窪ルミネ
JR荻窪
丸ノ内線

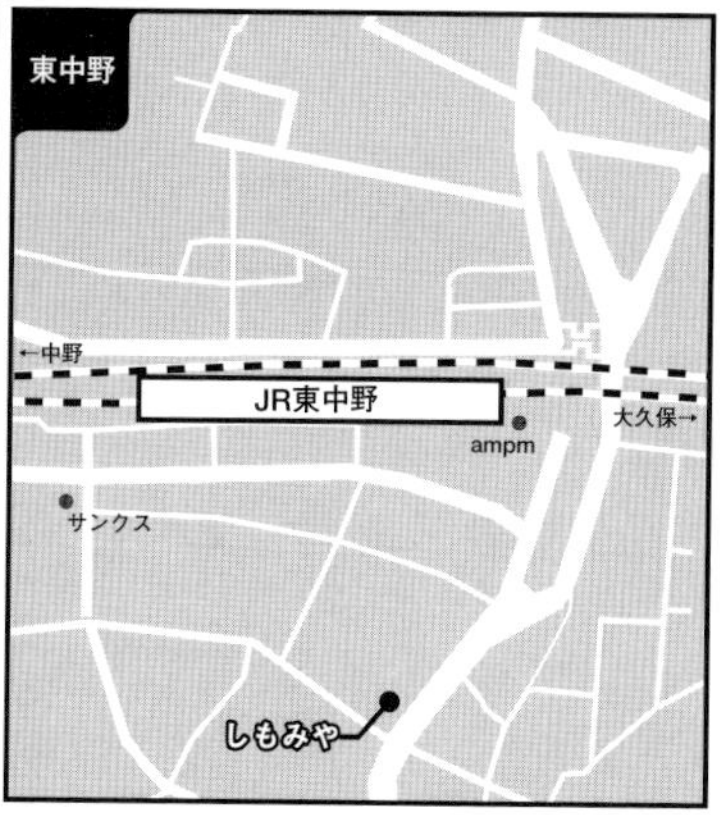
東中野
←中野
JR東中野
大久保→
ampm
サンクス
しもみや

◎五十音順索引

あ

赤鬼（あかおに）……100

赤津加（あかつか）……8

秋田屋（あきたや）……40

浅七（あさしち）……32

麻音酒場（あさねさかば）……116

味とめ（あじとめ）……102

あべちゃん（あべちゃん）……140

いこい（いこい）……120

石松（いしまつ）……124

伊勢藤（いせとう）……46

岩金酒場（いわきんさかば）……70

魚三酒場（うおさんさかば）……34

宇ち多゛（うちだ）……78

善知鳥（うとう）……134

うなぎ串焼 川二郎（うなぎくしやき かわじろう）……126

江戸っ子（えどっこ）……82

ゑびす（えびす）……76

大坂屋（おおさかや）……38

大はし（おおはし）……68

か

金田（かねだ）……96

川名（かわな）……136

岸田屋（きしだや）……30

串駒（くしこま）……110

小島屋（こじまや）……74

こなから（こなから）……108

小林（こばやし）……58

さ

さいき（さいき）…… 88
さくらい（さくらい）…… 84
ささもと（ささもと）…… 20
三州屋（さんしゅうや）…… 24
三平（さんぺい）…… 86
三祐酒場 八広店（さんゆうさかば やひろてん）…… 72
正ちゃん（しょうちゃん）…… 60
新八（しんぱち）…… 12
鈴傳（すずでん）…… 48
千住の永見（せんじゅのながみ）…… 66

た

第二力酒蔵（だいにちからしゅぞう）…… 122
高木（たかぎ）…… 112
たけちゃん（たけちゃん）…… 142
立花（たちばな）…… 92
樽一（たるいち）…… 52
だるま（だるま）…… 36
千登利（ちどり）…… 106
佃喜知（つくきち）…… 22
つるかめ食堂（つるかめしょくどう）…… 56
藤八（とうはち）…… 90
徳多和良（とくだわら）…… 64

な

西口やきとん（にしぐちやきとん）…… 42

は

初恋屋（はつこいや）…… 114
ばん（ばん）…… 94
兵六（ひょうろく）…… 14
ふくべ 通人の酒席（ふくべ つうじんのしゅせき）…… 16

冨士屋本店（ふじやほんてん）……98

ま

牧野（まきの）……144
升本（ますもと）……18
丸富（まるとみ）……146
まるます家（まるますや）……118
ミツワ（みつわ）……80
みますや（みますや）……10
宮鍵（みやかぎ）……104

や

やきとり番番（やきとりばんばん）……50
やきとん　秋元屋　（やきとん　あきもとや）……132
やき屋（やきや）……138
やまだや（やまだや）……28
山利喜（やまりき）……44
吉本（よしもと）……54

ら

竜馬（りょうま）……26
路傍（ろぼう）……128

わ

わくい亭（わくいてい）……62
和酒バー　しもみや（わしゅばー　しもみや）……130

◎ジャンル別索引

老舗

もつ焼き・焼き鳥等

銘酒居酒屋・酒亭・日本酒バー 等

新八……神田 12
浅七……門前仲町 32
吉本……新宿 54
さくらい……立石 84
赤鬼……三軒茶屋 100
串駒……大塚 110
和酒バー しもみや……東中野 130
善知鳥……阿佐ヶ谷 134
牧野……新馬場 144

創作料理 等

やまだや……築地 28
こなから……大塚 108

うなぎ 等

うなぎ串焼 川二郎……中野 126
丸富……青物横丁 146

構成・編集　池田 信・上浦未来・篠宮奈々子（DECO）
伊藤陽子
山本浩史（東京書籍）
取材　照井康介・細川明啓・中原祐樹
撮影　齊藤健太郎・辻本有紀
地図製作　後藤淳二・小宮清行（GLOVE）

ブックデザイン　長谷川 理（Phontage Guild）

東《とう》京《きょう》　居《い》酒《ざか》屋《や》名《めい》店《てん》三《ざん》昧《まい》

2008年8月1日　第1刷発行

著　者 —— 石原誠一郎
小関敦之
浜田信郎
藤原法仁

発行者 —— 河内義勝

発行所 —— 東京書籍株式会社
東京都北区堀船2-17-1　〒114-8524
電話　03-5390-7531（営業）03-5390-7508（編集）
E-mail = shoseki@tokyo-shoseki.co.jp
URL = http://www.tokyo-shoseki.co.jp

印刷・製本 —— 株式会社シナノ

http://www.tokyo-shoseki.co.jp
乱丁・落丁の場合はお取り替えいたします。
本体価格はカバーに表示してあります。
税込定価は売上カードに表示してあります。
ISBN978-4-487-80274-6 C2076